QUEM É ESSE JESUS

Dados Internacionais de Catalogaçãona Publicação (CIP)
(Câmara Brasileira do Livro, SP, Brasil)

Barbosa, Almerindo da Silveira
    Quem é esse Jesus : um itinerário de iniciação cristã para formar discípulos missionários / Almerindo da Silveira Barbosa, Douglas Rodrigues Xavier. – Petrópolis, RJ : Vozes, 2018.

    1ª reimpressão, 2024.

    ISBN 978-85-326-5903-3

    1. Jesus Cristo 2. Jesus Cristo – Pessoa e missão 3. Vida cristã I. Xavier, Douglas Rodrigues.

18-19213   CDD-232

Índices para catálogo sistemático:
1. Jesus Cristo : Cristologia 232

Cibele Maria Dias – Bibliotecária – CRB-8/9427

**PE. ALMERINDO DA SILVEIRA BARBOSA
PE. DOUGLAS RODRIGUES XAVIER**

QUEM É ESSE JESUS

**UM ITINERÁRIO DE INICIAÇÃO CRISTÃ
PARA FORMAR DISCÍPULOS MISSIONÁRIOS**

EDITORA
VOZES

Petrópolis

© 2018, Editora Vozes Ltda.
Rua Frei Luís, 100
25689-900 Petrópolis, RJ
www.vozes.com.br
Brasil

Todos os direitos reservados. Nenhuma parte desta obra poderá ser reproduzida ou transmitida por qualquer forma e/ou quaisquer meios (eletrônico ou mecânico, incluindo fotocópia e gravação) ou arquivada em qualquer sistema ou banco de dados sem permissão escrita da editora.

CONSELHO EDITORIAL

Diretor
Volney J. Berkenbrock

Editores
Aline dos Santos Carneiro
Edrian Josué Pasini
Marilac Loraine Oleniki
Welder Lancieri Marchini

Conselheiros
Elói Dionísio Piva
Francisco Morás
Gilberto Gonçalves Garcia
Ludovico Garmus
Teobaldo Heidemann

Secretário executivo
Leonardo A.R.T. dos Santos

PRODUÇÃO EDITORIAL

Aline L.R. de Barros
Marcelo Telles
Mirela de Oliveira
Natália França
Otaviano M. Cunha
Priscilla A.F. Alves
Rafael de Oliveira
Samuel Rezende
Vanessa Luz
Verônica M. Guedes

Diagramação: Sérgio Cabral
Revisão: Licimar Porfírio
Capa: Rafael Nicolaevsky

ISBN 978-85-326-5903-3

Este livro foi composto e impresso pela Editora Vozes Ltda.

SUMÁRIO

APRESENTAÇÃO	7
PREFÁCIO	11
INTRODUÇÃO	15
ORIENTAÇÕES GERAIS	19
CAPÍTULO 1: QUEM É ESSE HOMEM	23
1.1 O filho de Maria	28
1.2 O Verbo de Deus	33
1.3 Deus conosco – o Salvador	35
Encontro Celebrativo: Um rosto para Jesus	41
CAPÍTULO 2. EIS QUE ESTOU CONVOSCO – O ENCONTRO COMO PEDAGOGIA	51
2.1 Ele está no meio de nós	55
2.2 Sua pedagogia: o encontro	58
2.3 Nós vimos e ouvimos	68
Encontro Celebrativo: Queremos ver Jesus	73
CAPÍTULO 3. IDE E FAZEI VÓS O MESMO	83
3.1 Ele nos chamou para estar com Ele	87
3.2 Ouvimos sua Palavra e comungamos de seu Pão	90
3.3 Vimos a sua glória	95
Encontro Celebrativo: E saíram a anunciar	100
CONCLUSÃO	111
REFERÊNCIAS	115
OS AUTORES	117

APRESENTAÇÃO

Caro leitor, grande alegria minha de apresentar a você esse precioso livro intitulado: "QUEM É ESSE JESUS?"

Eis um grande livro pelo conteúdo, objetivo, praticidade e ressonante à nova proposta de Evangelização a partir do documento 107 da CNBB e do clamor dos tempos atuais.

Parabéns aos nossos estimados Padre Almerindo e Padre Douglas Xavier pela bela e inspirada iniciativa deste trabalho.

O conteúdo deste livro é de fundamental importância e oportunidade, pois tem por objetivo nos guiar na busca da resposta à pergunta que Jesus mesmo nos faz em Marcos 8,27-29: *quem sou eu para você?* Estou convicto de que perfazendo este caminho reflexivo e orante de encontro vivo com Jesus, proposto pelos autores, à guisa da Palavra de Deus, refletida e rezada, logramos conhecer um pouco mais o Senhor Jesus, apaixonar-nos mais por Ele e nos tornarmos melhores discípulos missionários.

Já na conferência de Aparecida em 2007, nossa Igreja se dava conta de que havia algo muito falho na nossa evangelização, é que falávamos de Jesus muito abstrata e teoricamente, sem conseguirmos iniciar as pessoas a fazerem a experiência do encontro com Ele. Fomos, desde então, convocados a um processo de conversão pessoal e eclesial, no nosso modo de ser, de falar, de evangelizar e de organizar, buscando dar mais leveza às nossas estruturas eclesiais de modo a facilitar a saída em missão. Sentimos necessidade de nos capacitar para testemunhar e anunciar de forma mais convincente e alegre a proposta da fé cristã, e assim apresentar Jesus de maneira experiencial, prática e interessante.

Para isso, da Conferência de Aparecida brotou uma prioridade imprescindível: a formação do discípulo missionário. Uma formação que fosse centrada na pessoa de Jesus, em seu jeito e estilo missionário, testemunhado nos Evangelhos. Daí o itinerário formativo baseado na metodologia de Mestre Divino: a conversão, o encontro, o discipulado, a integração na comunidade, e a inserção no caminho missionário. (DAp, n. 278).

Os bispos do Brasil em sintonia com esta reflexão, impulsionada pelos documentos e testemunho do Santo Padre o Papa Francisco, nos provocam no documento 107, a ousar um itinerário de iniciação ao conhecimento e à pratica de Jesus, para renovar não só a catequese, mas toda a comunidade.

Mas tudo tem que começar é no coração de cada um. É o amor que gera conhecimento e conhecimento gera amor. Ninguém pode iniciar o outro no amor e no conhecimento de Jesus, se não for ele próprio iniciado. Temos também que saber que conhecimento de Deus não é só fruto do esforço humano, é graça de revelação do Pai, mas Deus não dá esta graça senão a quem se sentindo desafiando, se colocar em caminho dessa busca (Jo 17,3; Mt 11,28-30).

Os autores dessa bela e oportuna obra se propuseram a este objetivo: com leveza e em clima de oração, guiar-nos na experiência pessoal de encontro com o Senhor e ajudar-nos a dar uma resposta pessoal e comunitária, vivencial e prática de **QUEM É JESUS**. Inspirados no itinerário de iniciação cristã, documento 107, abrindo um caminho na Palavra de

Deus, nos guiam por um roteiro vivencial prático de oração, meditação e partilha em cada capítulo.

Esse é o diferencial desse subsídio.

Recomendo-o vivamente aos nossos catequistas, agentes de pastoral, formadores e estudiosos, e aos líderes das comunidades e grupos. Um ótimo subsídio para ajudar-nos na evangelização nesses novos tempos.

Proponho não somente a mera leitura. Será mais útil como caminho de reflexão e oração, tanto pessoal, quanto comunitário. Forme-se grupos, crie-se oportunidades, que este livro seja para nós como que um receituário, um guia prático para nos introduzir nessa longa e bela aventura do conhecimento de Deus e da vivência de fé.

Nos termos do cânone 827, §3º do Código de Direito Canônico, autorizo a publicação dessa obra para todos os fins legais e de Direito.

Com aprovação eclesiástica e com a minha mais nobre recomendação.

IMPRIMATUR
Com minha benção!

+ José Aristeu Vieira
Bispo Diocesano de Luz/MG.

PREFÁCIO

"É pela sede que se aprende a água" Emily Dickinson

Ser cristão é ter fé naquele que é chamado o Cristo, ou Messias: Jesus de Nazaré. Ninguém pode ser chamado cristão sem fé no Cristo. E aí está a questão, não é mais evidente a ligação entre o "ser cristão" e Cristo. Há alguns anos num programa de TV os entrevistados deviam responder "Que é, para você, ser cristão?". Somente uma das pessoas mencionou seguir Jesus Cristo em sua resposta. As outras falaram coisas mais gerais: ter fé, fazer o bem, ajudar quem precisa. Outra questão é o que se compreende por Jesus ser o Cristo, o Messias. Também sobre isso as interpretações são as mais diversas e confusas.

Atualmente aumentou muito o que se pode chamar de um novo tipo de "cristão", que distingue sua fé em Deus e em Jesus Cristo e a fé na Igreja, entendida como instituição hierárquica. Muitos Batizados deixam de se identificar com a Igreja e abandonam a prática dos sacramentos. Continuam acreditando em Deus e em Jesus, mas não se vinculam mais a Igreja. Há vários fatores que ocasionaram essa crise, como o individualismo, a secularização, mas na medida em que a Igreja não consegue anunciar e testemunhar o Evangelho como Boa Nova que fascina e transforma a vida dos que nele crê, ela também causa este afastamento.

Consciente da crise na transmissão da fé, a Igreja nos convida a repensar o processo de Iniciação à vida cristã que tem sido realizado em nossas comunidades e dioceses. No centro desse processo está o anúncio de Jesus Cristo, o querigma. Um anúncio que provoca um encontro e o desejo de seguir Jesus.

No presente livro os autores desejam provocar a sede e a busca pela "água viva" que é Jesus. E, de maneira experiencial, que cada um sinta o desejo de segui-lo, professando sua fé nele. É feito o anúncio explícito de Jesus Cristo e insiste-se no que significa a fé e o seguimento de Jesus na comunidade cristã a serviço do Reino, no coração do mundo.

Ao mesmo tempo em que nos apresentam Jesus, dando a conhecer quem é Ele, cada capítulo propõe um encontro celebrativo, uma "vivência-orante" do que foi refletido sobre Jesus. É um conhecer e saborear quem é Jesus na existência concreta.

Sustentado por uma profunda iniciação pessoal, o cristão se torna sal da terra, luz do mundo e fermento na massa. Ter o Cristo como referência primeira da nossa vida é tê-lo como presença permanente e critério de nossas escolhas no dia a dia.

Ter uma identidade cristã nos dá condição de dialogar sinceramente com os que procuram sedentos em outros caminhos, a luz da vida. Lembrei-me do grande escritor russo Fiódor Dostoiévski que assim fez sua declaração de amor e seu "credo" pessoal em Jesus Cristo:

> Às vezes Deus me envia instantes de paz: nesses instantes, amo e sinto que sou amado: foi num desses momentos que compus para mim mesmo um credo, onde tudo é claro e sagrado. Este credo é muito simples. Ei-lo: Creio que não existe nada de mais belo, de mais profundo, de mais simpático, de mais viril e de mais perfeito do que o Cristo: e eu o digo a mim mesmo, com um amor cioso, que não existe e não pode existir. Mais do que isto: se alguém me provar que o Cristo está fora da verdade e que esta não se acha nele, pre ro car com o Cristo a car com a verdade.

Que ao percorrer o itinerário aqui proposto, possamos também (re)fazer nossa profissão de fé naquele que é a beleza por excelência: Jesus Cristo.

Lucimara Trevizan

Coordenadora da Comissão Regional
de Catequese do Leste 2

INTRODUÇÃO

Se esse livro chegou em suas mãos é porque você está convidado a viver uma bela aventura! Sim, um caminho de descoberta e experiência profunda de Deus. Uma vivência real, e muito intensa, de fé e intimidade com Jesus. Você, pessoalmente, irá conhecer e experimentar a presença de Deus de um jeito singular. Afinal, você pode dizer que, de fato, já viveu uma experiência de Deus? Você sabe quem é Jesus? Se, sim, sabe por você mesmo ou só O conhece de ouvir falar? Aliás, você já se perguntou quem é Jesus? Ou, talvez, você já ouviu alguém fazendo essa pergunta?

Certamente a pessoa de Jesus é conhecida por muitos e de diversos modos, religiões, expressões de fé, livros de história, filmes, músicas, pessoas que dizem falar em nome dele, etc. Tantos lugares como hospitais, creches, ambulatórios, escolas, cidades, e até pessoas, receberam seus nomes inspirados nele. Muitos O conhecem pelo nome, e nada mais. Só de ouvir falar! Mesmo pessoas ditas "religiosas" quando questionadas sobre a pessoa de Jesus, às vezes, engasgam, se enrolam sem saber responder ao certo quem é esse Homem que dizemos seguir.

Há ainda outros que, diante dessa indagação, respondem, sem, no entanto, chegar ao centro da questão. Respostas, tais como: "Jesus é lindo! Ele é minha vida, tudo para mim!"; "Jesus é o Senhor da minha história, o todo poderoso!"; "Ah, Jesus é o mais bonito para mim, ele é tudo". Os mais jovens respondem com suas expressões próprias: "Jesus é massa, ele é o cara!". Enfim, tantas respostas, e de tantas formas, a uma pergunta que deveria nos incomodar muito, afinal, como não conhecemos bem Aquele que dizemos seguir e amar? Quem dizemos ser Nosso Senhor? Veja você mesmo, pergunte a algumas pessoas ao seu redor quem é Jesus e faça um apanhado das respostas.

É justamente nesse sentido que propomos esse caminho de conhecimento de Jesus e iniciação à vida cristã com o objetivo de formar autênticos discípulos missionários. Queremos ajudá-lo a sair desse lugar comum de ouvir falar de Jesus, de saber quem ele é mais ou menos, ou, alguns, de não saber quase nada sobre ele. Nosso objetivo é apresentá-lo a Jesus. Queremos conduzi-lo nesse caminho de experiência real em que você irá se encontrar com Ele, conhecê-Lo, não mais de ouvir falar ou alguém contar, mas, você mesmo, pessoalmente, fará essa experiência única e extraordinária que irá mudar sua vida de uma vez por todas. Um encontro que irá transformá-lo e mudar toda a realidade em sua volta. (DAp, n. 29).

Assim como os homens e mulheres narrados nas páginas da Bíblia, e outros tantos ao longo da história,que afirmaram terem se encontrado com Cristo e, por meio desse evento, tiveram suas vidas completamente transformadas, assim, também queremos, por meio desses escritos, ajudá-lo e conduzi-lo por essa experiência.

Iniciaremos buscando descobrir **quem é Jesus**. Ao começar a leitura desse texto será convidado a entrar num processo de descoberta. Assim como quando conhecemos uma pessoa nova, desse mesmo modo, **no primeiro capítulo**, será apresentada a pessoa de Jesus. Quem Ele é? De onde veio? Quais suas raízes? Qual sua identidade? Seu rosto? Todas essas perguntas serão respondidas. E veja, não só de modo teórico, mas levando-o à experiência, à vivência com esse Homem que nos será apresentado.

Conhecendo-O, iremos ao seu encontro. Descobriremos sua pedagogia, **no capítulo segundo**. Por meio das Sagradas Escrituras, iremos verificar como Jesus se dava a conhecer e qual era sua metodologia, o modo como Ele se aproximava das pessoas e se revelava. Mais ainda, iremos adentrar as páginas bíblicas, dialogar com os personagens e descobrir o passo a passo do Mestre, no propósito de aprofundar o relacionamento com Ele e crescer em intimidade. Queremos aqui formar discípulos missionários que saibam o que isso significa. Que entendam o que é ser discípulo e o que é ser missionário, e quando se é um e outro de modo autêntico e capaz de levar uma experiência vivida e não simplesmente narrada por outros.

E, por fim, após sabermos quem Ele é, e desfrutarmos de sua vida e companhia, seremos capazes de segui-Lo? **No capítulo terceiro**, iremos anunciá-Lo e testemunhá-Lo a exemplo dos discípulos que ao saberem quem Ele era, e partilharem de sua intimidade, saíram mundo afora para testemunhar a experiência que tiveram, convidando outros à mesma vivência.

Ao final de cada capítulo apresentaremos um encontro celebrativo para ajudar a viver o que foi lido e estudado. Veja, não se trata aqui de um livro de teorias, conteúdos e estudo aprofundado, mas antes, o objetivo é mesclar teoria e prática, conteúdo e vivência, com o intuito de gerar uma experiência de Deus. Sim, não basta saber quem Ele é, conhecê-Lo intelectualmente, mas, o principal, é gerar um encontro real e efetivo, sentir sua presença verdadeira e descobri-Lo tal como Ele é.

Pronto para iniciar o caminho? Disponível para encontrar Jesus? Deixar para trás o que ouviu falar para viver você mesmo a experiência com Ele? Se sim, prepare-se para esse longo e belo caminho de vivência de fé. Antes de continuar a leitura, pare um pouco, se quiser, feche seus olhos, e responda no seu íntimo, honestamente, só para você: **Quem é esse Jesus?**

ORIENTAÇÕES GERAIS

Caríssimo leitor, *PAX ET BONUM!*

Que bom que esse livro chegou até você! Sinal de que está buscando conhecer a pessoa de Jesus Cristo e se tornar um autêntico discípulo missionário e, ainda, ajudar outros a viverem esta mesma experiência.

Seguem aqui algumas orientações e sugestões práticas para melhor utilizar esse conteúdo e colher dele os melhores frutos para sua vida pessoal e sua comunidade.

Vejamos:

- Trata-se de um conteúdo vivencial dividido entre conhecimento teórico-catequético e celebrativo.

- O objetivo é que toda e qualquer pessoa que tiver acesso a esse conteúdo conheça, intelectualmente e de modo experiencial, a pessoa de Jesus.

- O conteúdo está dividido em três capítulos e ao final de cada um deles há um roteiro de momento celebrativo. Veja bem, não é necessário que se faça tudo de uma vez. Sugere-se que, primeiro, se encontre para conversar sobre o conteúdo teórico--catequético e, depois, num outro momento, para o encontro celebrativo.

- Não há pressa! É importante que o conteúdo seja degustado, devagar, dando tempo e espaço para que cada pessoa, em seu ritmo, absorva e viva a experiência de Deus que aqui é proposta.

- Os roteiros celebrativos são sugestivos, ou seja, cada pessoa em sua comunidade tem liberdade para adaptá-lo à realidade local, bem como acrescentar ou excluir determinada parte como achar conveniente. No entanto, deve-se preservar o essencial, sobretudo o objetivo, o tema e a experiência que é proposta.

- Cada encontro celebrativo está organizado em forma de oração dialogal. Assim, é bom e conveniente que cada participante tenha esse texto em mãos. Mas, conforme a liberdade de cada animador ou comunidade, crie-se um modo em que todos possam participar, mesmo na impossibilidade de todos terem o texto em mãos.

- Perceba que se propõe um itinerário a ser percorrido, com início, meio e fim. Desse modo, quem o fizer, chegará ao final tendo experimentado o que aqui se busca.

- Todo esse texto foi construído, tendo em vista a inquietação da Igreja na atualidade e tendo por referência os últimos documentos e textos magisteriais, conforme se verificam nas referências bibliográficas. Sendo possível, é de grande valia consultar e conhecer estes textos.

- Por fim, use desse material como um meio, entre tantos, para viver uma verdadeira experiência de Deus. Conhecer Jesus, experimentá-Lo de fato, é o maior de todos os presentes que alguém pode receber. Muda a vida, a pessoa, o mundo!

Assim sendo, desejamos que esse material seja útil e que, de fato, possa produzir em seus leitores e suas comunidades essa revolução que o encontro com Jesus é capaz de causar.

Saber quem Ele é, encontrar-se com Ele e sair para anunciá-Lo é o grande remédio que o mundo está ansiando e é o modo prático e efetivo de sanar as tantas sedes e inquietações de todas as pessoas.

Sejamos discípulos missionários, formemos discípulos missionários, a fim de que o mundo creia NELE por meio de nosso testemunho fiel e sincero.

"Nós vimos e ouvimos, o que as nossas mãos tocaram da Palavra da Vida (...), isso nós vos anunciamos" (1 Jo, 1,1).

Bom itinerário!

Os autores

Quem é esse Homem?

Jesus partiu com seus discípulos para os povoados de Cesareia de Filipe e, no caminho, perguntou aos seus discípulos: "Quem dizem os homens que eu sou?" Eles responderam: "João Batista"; outros, Elias; outros ainda, um dos profetas". – "E vós, perguntou ele, quem dizeis que eu sou?" (Mc 8,27-29a.)

Capítulo 1

Quem é esse homem?

E vós? Quem dizeis que eu sou? Somos seres relacionais. Nascemos em uma família e desde crianças vivemos em volta às pessoas. Ninguém é uma ilha ou vive sozinho, necessitamos de gente, de relações, somos integrados.

Ao longo de nossa existência estabelecemos relações, conhecemos gente, fazemos amigos, nos integramos socialmente. Podemos definir em quatro grupos distintos as relações que estabelecemos na vida, talvez até mais, mas por hora, fiquemos com estes:

1º As pessoas de nossa intimidade

Existem pessoas que comungam de nossa intimidade. São os nossos familiares que nos geraram e sabem tudo sobre nós e os amigos mais íntimos, aqueles que escolhemos para fazer parte de nossa vida de modo pleno, partilhando conosco a vida, os problemas, sonhos e expectativas. Estas pessoas nos conhecem como somos, não precisamos fingir ou mascarar diante delas. As pessoas de nossa intimidade sabem, pelo nosso jeito de ser, como estamos naquele dia. Identificam se aconteceu algo de ruim e, pelo nosso olhar e forma de expressar, conseguem captar algo de nós que é revelado somente aos mais íntimos, coisas que até gostaríamos de esconder, mas diante dos mais próximos, cada qual se revela como é, sem máscaras.

2º As pessoas de nossas relações

São aquelas que, embora não figurem entre os mais íntimos, estabelecemos com elas certa relação. Os colegas de escola, faculdade, os vizinhos, o pessoal do clube, os amigos da rua, pessoas que sabemos quem são, sabemos o nome e suas origens, mas não passa muito disso. Temos um relacionamento superficial. Para estes, não damos espaço para muita aproximação, os temos em nossa conta de relacionamento, mas como dizem popularmente, não passa de um "relacionamento social", gente que se encontra, conversa, partilha um pouco da vida, mas só.

3º As pessoas que cruzam conosco todos os dias

Dentre estas existem algumas que sabemos o nome e até damos certa atenção, embora não passe de um cumprimento educado. O atendente da padaria, o manobrista do restaurante, o garçom do barzinho, a vendedora da loja, pessoas com as quais convivemos, conhecemos, mas não passa de uma relação formal, social, sem adentrar o limite da intimidade.

Quem é esse homem?

4º — As pessoas que vivem ao nosso redor e que não sabemos quem são

Rostos, faces e feições que cruzam nosso caminho no vai e vem da vida e que, muitas vezes, até identificamos, mas não gastamos tempo para conhecer, ou não temos interesse em saber quem são e nem damos oportunidade para um encontro de vida e de histórias. São pessoas, gente, mais um na multidão!

Aqui, voltamos à pergunta inicial do Evangelho na narrativa de Marcos: "E vós, quem dizeis que eu sou?" Diante destes tantos grupos de pessoas e de tanta gente que conhecemos, convivemos e cruzamos, em qual grupo está Jesus? Qual lugar social e existencial Ele ocupa em nossa vida?

Já estaria Jesus no que denominamos primeiro grupo, lugar de intimidade, proximidade, a quem conhecemos muito bem e que também ele nos conhece profundamente? Alguém com quem partilhamos a vida, temos tempo para estar com ele, ouvimos sua palavra, gastamos tempo nos conhecendo? Ou estaria Jesus no segundo grupo? Fomos batizados, ouvimos sua palavra, comungamos seu corpo, sabemos quem ele é, mas não temos tempo para muita intimidade. Preferimos os encontros casuais, vez ou outra, quando der! Diante dele usamos certas máscaras, afinal, não é necessário nos dar a conhecer tão bem. Conhecemos Jesus, sabemos onde encontrá-Lo, mas preferimos certa distância. Ou então, Jesus faz parte do terceiro grupo. Ele está lá, para quando a gente precisar. Se eu tiver um problema, uma necessidade, um aperto, bato em sua porta e clamo por socorro. Se eu achar que ele pode me ajudar, eu rezo, procuro o padre, até me confesso, mas, resolvido o problema, deixo-o em paz e volto para o meu lugar de conforto. Ou, talvez o pior de todos, conheço Jesus de ouvir dizer e nada mais. Como os tantos e quantos rostos desconhecidos,com os quais cruzamos diariamente na rua, na praça, no ônibus, assim também está Jesus, uma pessoa sem rosto, sem forma, sem identidade, alguém com o qual não estabeleci nenhuma relação.

Mas, afinal, **quem é esse Jesus?** Há tanto se fala sobre Ele; uns dizem que o conhecem e fizeram experiência com ele, outros dizem que são loucos os que o seguem. **Quem é esse homem?** Tantos dizem a favor e são capazes de tantas renúncias por causa dele, enquanto outros são completamente indiferentes à sua figura. **Quem é Ele?** Muitos honram o seu nome até o derramamento de sangue, sua mensagem provoca paz e sossego, muitos se posicionam a favor dele, mas existem tantos que são contra suas palavras, seus símbolos e sua imagem. **Quem é esse Jesus?** Hospitais, cidades, ruas, lugares foram nomeados inspirando-se nele e em seus seguidores. Não passa um minuto sem que alguém se lembre dele e clame seu nome, não há quem não lhe atribua valor: seja indignação, indiferença ou total desprezo de sua pessoa. Quem é Esse a quem muitos são contra, se opõem, outros tantos a favor, uns amam, outros odeiam? Como amar ou odiar quem não conhecemos? Como dizer que somos seus seguidores, se não o conhecemos na intimidade? Como dizer dele sem saber quem Ele é? Podemos até saber um pouco, como nos grupos de relacionamento acima apresentados, mas, verdadeiramente, no fundo do coração, responda: **Quem é esse Jesus?**

1.1 O filho de Maria

Para começar nossa aventura de iniciação à intimidade com Jesus, precisamos saber de onde Ele veio, quais são suas origens, sua família, quem são seus antepassados, o nome e as feições de quem carrega.

Quando conhecemos alguém, sobretudo no interior, é natural relacionar aquela pessoa à sua família. Quem de nós nunca fez ou respondeu perguntas como: de que família você é? Ou, seu sobrenome corresponde à família tal? Seus traços são muito parecidos com os de fulano, vocês são parentes? Quem são seus pais? A família é sempre lugar de construção de identidade, é o ponto de referência. Pela família nos tornamos "seres no mundo", somos formados e educados neste núcleo para a vida em sociedade.

Não vamos fugir à nossa pergunta inicial, **quem é esse Jesus?** Para conhecê-Lo melhor precisamos, pois, saber de onde Ele veio, de quem veio e Quem se tornou.

Sabemos que Jesus Cristo é Deus. Segunda Pessoa da Santíssima Trindade, Verbo, Filho de Deus Pai e figura perfeita do homem. Embora estando com Deus antes de todas as coisas existirem, ele, chegada a plenitude dos tempos, nasceu de uma mulher (Gl 4,4), se fez homem e habitou no meio de nós (Jo 1,14).

Assim guardou a Tradição da Igreja nos Símbolos de Fé, de modo mais esmiuçado, no Niceno-constantinopolitano:

> Creio em um só Senhor, Jesus Cristo, Filho de Deus Unigê-nito: (...): Por ele todas as coisas foram feitas. E por nós, homens, e para nossa salvação, desceu dos céus e se encarnou, pelo Espírito Santo, no seio da Virgem Maria e se fez homem. (COMPÊNDIO, 2005, p. 32)

O Deus invisível se tornou visível, palpável, dado à experiência. Em Jesus, Deus assumiu um rosto e tocou a realidade humana de forma incomparável e irrepetível ao longo do tempo e do espaço.

É notório que vivemos um tempo em que a espiritualidade está em voga. Alguns, para distinguir a espiritualidade do sentido religioso, gostam até de chamar de "espiritualização". Cada vez mais, nós, seres humanos, entendemos que não somos só corpo, um amontoado de ossos e órgãos envoltos numa camada de pele, mas, pelo contrário, somos imagem e semelhança de Deus (Gn 1,27), temos espírito, somos mais completos, e complexos, do que nossa vã imaginação pode abarcar.

Embora em busca de espiritualidade, ou espiritualização, muitos procuram encontrar esta ligação com o transcendente por meio de imagens de Deus, ou de deuses, que desfiguram o Deus cristão. Há quem ache que Deus é uma energia, uma força interior, uma intuição, um movimento, uma força cósmica, um pensamento positivo, uma reta intenção. Há alguns que se sentem deuses, ou mini-deuses. Ainda há os que pensam que tudo é deus, as árvores, as

Quem é esse homem?

flores, os rios, o ar, o sol, tudo é deus, desenvolvendo assim um verdadeiro panteísmo, onde a criatura é confundida com o Criador. Enfim, tantas formas de buscar um certo deus de modo equivocado e às vezes tão vazio!

O que nos difere enquanto cristãos é que nós acreditamos num Deus feito homem, num Deus encarnado, num Deus que tem nome, rosto, história, identidade. Nosso Deus não é uma energia, nem um cosmo e outra força qualquer inominada, irracional e sem forma, mas nosso Deus tem nome, identidade, face. Nosso Deus é o Senhor da revelação que se deu a conhecer plenamente em seu Filho Jesus Cristo.

Em sua natureza humana, Jesus nasceu em ambiente familiar. Encarnou-se no seio de Maria e recebeu dela suas feições humanas. Maria, que na tradição dizemos ser filha de Joaquim e Ana, era judia devota e cumpridora de suas obrigações religiosas. Honrava a Palavra de Deus e esperava o cumprimento de suas promessas e a vinda do Messias.

Chegado, pois, o tempo, Deus enviou seu anjo até Nazaré, cidade de Maria, e anunciou que ela seria a mãe do Salvador. (Lc 1,26-38). O Verbo que estava com Deus, e era Deus, antes de todos os séculos, agora, se torna carne no seio desta jovem moça. (Jo 1,1-15).

Assim afirma o Evangelho de Lucas:

> No sexto mês, o anjo Gabriel foi enviado por Deus a uma cidade da Galileia, chamada Nazaré, a uma virgem desposada com um varão chamado José, da casa de Davi; e o nome da virgem era Maria (Lc 1,26-27).

Aí estão as origens de Jesus, em sua encarnação. Também o evangelista Mateus, no início de seu Evangelho, assim como é costume quando conhecemos alguém ou quando apresentamos pessoas, temos por hábito, contar suas origens, sua família. Mateus começa sua narrativa apresentando as origens de Jesus (Mt 1,1-17). Aqui, há um desejo do evangelista de fundamentar as raízes de Jesus: quem Ele é? De onde veio? Quem são seus pais? Quais suas origens? Seu sobrenome? Remontando a Abraão, o pai da fé, Mateus chega à Maria, da qual nasceu Jesus. (Mt, 1,16).

Este menino de Nazaré é filho de Maria, esposa de José, o carpinteiro, que assume sua paternidade terrena ao viver uma experiência de Deus, mostrando-lhe que o acontecido não era obra humana, mas de Deus (Mt 1,18-25). E foi a este homem chamado justo, judeu devoto, que Deus revelou seu projeto de salvação por meio do menino chamado Jesus (Mt 1,25). Assim narra Mateus: "A origem de Jesus Cristo foi assim: Maria, sua mãe, comprometida em casamento com José, antes que coabitassem, achou-se grávida pelo Espírito Santo" (Mt 1,18).

O nome do menino fora anunciado pelo anjo em Nazaré: "Eis que conceberás no teu seio e darás à luz um filho, o chamarás com o nome de Jesus" (Lc 1,31). Também José recebeu o mesmo aviso dos céus por meio do anjo em sonho: "Eis que o anjo do Senhor manifestou-se a ele em sonho, dizendo: "José, filho de Davi, não temas receber Maria, tua mulher, pois o que nela foi gerado vem do Espírito Santo. Ela dará à luz um filho e tu o chamarás com o nome de Jesus". (Mt 1,20-21).

Assim, pois, entendemos que Jesus tem suas origens humanas em uma família, como nós! Ele não nasceu à parte do contexto humano e social, mas se revelou no tempo e no

Quem é esse homem?

espaço por meio de um nome, de uma família, de uma cidade. Tantas vezes foi ele assim lembrado: "E diziam, este não é Jesus, o filho de José, cujo pai e mãe conhecemos?" (Jo 6,42). Ao se perder no templo, após três dias, a angústia dos pais ao procurarem seu filho: "Meu filho, por que agiste assim conosco? Olha que teu pai e eu, aflitos, te procurávamos" (Lc 2,48). Diz sobre sua volta, após já adulto, à sua terra natal: "Ele fora a Nazaré, onde fora criado" (Lc 4,16). E lá, mais uma vez, perguntaram: "Não é este o filho de José?" (Lc 4,22).

Assim, partindo das Sagradas Escrituras, podemos facilmente verificar que Jesus de Nazaré, filho da Virgem Maria e de José, o carpinteiro, era alguém que viveu seu tempo. Não era um anônimo ou alguém desconhecido, não nascera à parte da realidade que o cercava e nem alheio às suas raízes. Pelo contrário, todos os evangelistas ressaltam a figura de Jesus ligado à sua família e contam sua história a partir de suas origens.

Portanto, o primeiro aspecto para encontrarmos Jesus e fazer uma experiência de intimidade com Ele foi descobrir suas origens humanas, Filho da Virgem Maria e de José, o carpinteiro, o homem vindo de Nazaré.

Mas, se Ele é Deus feito homem, já não existia antes de todo o tempo?

1.2 O Verbo de Deus

São João evangelista inicia seu Evangelho com uma narrativa belíssima, com certo grau poético, onde apresenta o grande mistério do Verbo de Deus. Jesus, o Filho da Virgem Maria e de José, o carpinteiro, não é simplesmente um homem qualquer gerado a partir da carne e do sangue. Ele não é o resultado do amor dos pais que sonham e planejam seus filhos com o intuito de construir uma família. Como vimos anteriormente, Jesus foi concebido pelo Espírito Santo no seio da Virgem Maria (Lc 1,35). Mas, antes mesmo que todas as coisas existissem ele já era, pois é Deus.

Assim nos diz São João:

> No princípio era o Verbo e o Verbo estava com Deus e o Verbo era Deus. No princípio, ele estava com Deus. Tudo foi feito por meio dele e sem ele nada foi feito. O que foi feito nele era a vida, e a vida era a luz dos homens: e a luz brilha nas trevas, mas as trevas não a apreenderam (Jo 1,1-5).

Aqui encontramos espaço para entrar no grande mistério da encarnação. O Natal que celebramos anualmente, muito mais que a festa das luzes, dos presentes, da comilança e das confraternizações mil, é a celebração deste maravilhoso mistério de um Deus tão grande e onipotente que quis se revelar plenamente aos seus, assumindo a existência humana em tudo, menos no pecado.

Aquele que existia antes mesmo que tudo fosse criado, chegada a plenitude dos tempos se encarnou para dar plena revelação a Deus. Assim, nos dizeres de São Paulo aos Gála-

Quem é esse homem?

tas: "Quando, porém, chegou a plenitude dos tempos, enviou Deus o seu filho, nascido de mulher, nascido sob a Lei, para resgatar os que estavam sob a Lei" (Gl 4,4).

O Compêndio do Catecismo da Igreja Católica apresenta a fórmula do Credo Niceno-constantinopolitano, que assim expressa essa verdade de fé:

> Creio em um só Senhor, Jesus Cristo, Filho Unigênito de Deus, nascido do Pai antes de todos os séculos: Deus de Deus, Luz da Luz, Deus verdadeiro de Deus verdadeiro, gerado, não criado, consubstancial ao Pai. Por ele todas as coisas foram feitas. E, por nós homens, e para nossa salvação, desceu dos céus e se encarnou pelo Espírito Santo, no seio da Virgem Maria, e se fez homem (COMPÊNDIO, 2005, p.32).

Ele se fez homem porque era Deus. O rosto de Jesus que aqui estamos buscando descobrir, construir e experimentar, deve levar em conta que esse homem do qual estamos falando é Deus. **Verdadeiro Deus e verdadeiro homem.** Ele não é criatura, alguém nascido das relações humanas, mas Filho de Deus, Deus mesmo em sua origem e geração.

Mas, consumado o tempo, na hora determinada por Deus para se revelar plenamente, assim nos diz João evangelista: "E o Verbo se fez carne e habitou entre nós" (Jo 1,14). O Espírito perfeitíssimo, segunda pessoa da Santíssima Trindade, agora assume o que lhe é próprio. Encarnando-se, Ele revela a face de Deus.

Na Antiga Aliança Deus se revela aos poucos. Ele dá seus sinais e manifesta a sua glória sem dizer muito de si pró-

prio, sem mostrar seu rosto, falar seu nome, apresentar-se tal como é. Quando perguntado sobre quem Ele era, assim respondeu, vejamos:

> Moisés disse a Deus: "Quando eu for aos israelitas e disser: "O Deus de vossos pais me enviou até vós": e me perguntarem: "Qual é o seu nome?", que direi? Disse Deus a Moisés: "Eu sou aquele que é". Disse mais: "Assim dirás aos israelitas: "EU SOU me enviou até vós (Ex 3,13-14).

Desse modo, Deus foi se revelando no tempo e na história, preparando o seu povo para o ápice da revelação em Jesus. Ele, o Verbo de Deus, se fez carne, dando ao Deus de Israel rosto, nome e forma. Em Jesus, Deus mostra quem Ele é. Na pessoa do Nazareno Deus cumpre sua promessa de habitar no meio de nós. Mas, como assim?

1.3 Deus conosco – o Salvador

O grande anseio do povo da Antiga Aliança era sentir e ter a presença de Deus. Devemos nos recordar que se tratava de um povo nômade, migrante, que vivia no deserto em busca da terra prometida onde corre leite e mel. (Ex 33,3). Desde Abraão, o pai da fé, Deus convidou o seu povo a migrar para o lugar onde ele iria indicar-lhes, a fim de que ali tivessem vida em abundância.

Neste tempo, peregrino, o povo de Deus vivia em tendas e, em cada acampamento, montava-se a tenda que era dedicada às orações, "a tenda de Deus". Para o povo, ter um lugar que indicava a presença de Deus era muito importante. Nas

Quem é esse homem?

orações e expressões de fé, eles pediam que Deus ali manifestasse a sua presença e não os abandonasse enquanto peregrinantes no deserto.

A graça de Deus era manifestada pela sua presença. Em língua hebraica, a língua em que foi escrito quase todo o Antigo Testamento, existe um termo denominado שכינה, em português, transliterado, lemos "Shekhinah" que significa o "assentamento", a "habitação" de Deus, ou ainda, a glória de Deus manifestada. Assim nos narra o livro do Êxodo:

> Moisés tomou a tenda e armou para ele, fora do acampamento, longe do acampamento. Haviam lhe dado o nome de Tenda da Reunião. Quem quisesse interrogar Iahweh ia até a Tenda da Reunião, que estava fora do acampamento. Quando Moisés se dirigia para a Tenda, todo o povo se levantava, cada um permanecia de pé, na entrada da sua tenda e seguia Moisés com o olhar, até que ele entrasse na Tenda. E acontecia que, quando Moisés entrava na Tenda, baixava a coluna de nuvem, parava à entrada da Tenda, e Ele falava com Moisés. Quando o povo via a coluna de nuvem parada à entrada da Tenda, todo o povo se levantava e cada um se prostrava à porta da própria tenda. Iahweh, então, falava com Moisés face a face, como um homem fala com seu amigo (Ex 33,7-11).

Deus estava no meio de seu povo, manifestando sua glória e, certo modo, ali tinha feito sua morada. No entanto, Ele não se revelara plenamente e não manifestara sua glória dando-se a conhecer inteiramente.

Mesmo Moisés, o grande profeta do Antigo Testamento, a quem Deus confiou a liderança de seu povo e a condução deste por longos anos, mesmo ele, embora pudesse falar com Deus como quem fala com um amigo, não pôde contemplar a face do Senhor, vê-Lo face a face tal como Ele é. Deus falou com Moisés manifestando sua glória, sem, no entanto, mostrar seu rosto. Ele era a voz que vinha da sarça ardente e, posteriormente, da nuvem que baixava diante dele, embora tivessem intimidade e se falassem como amigos.

Assim verificamos no livro do Êxodo:

> Moisés disse a Iahweh: "Rogo-te que me mostres a tua glória". Ele replicou: "Farei passar diante de ti toda a minha beleza, e diante de ti pronunciarei o nome de Iahweh. Terei piedade de quem eu quiser ter piedade e terei compaixão de quem eu quiser ter compaixão. E acrescentou: "Não poderás ver a minha face, porque o homem não pode ver-me e continuar vivendo". E Iahweh disse ainda: "Eis aqui um lugar junto a mim: põe-te sobre a rocha. Quando passar a minha glória, colocar-te-ei na fenda da rocha e cobrir-te-ei com a palma da mão até que eu tenha passado. Depois tirarei a palma da mão e me verás pelas costas. Minha face, porém, não se pode ver" (Ex 33,18-23).

"Minha face, porém, não se pode ver" (Ex 33,23) esta é a afirmação do Senhor Deus de Israel a Moisés, seu legítimo servo e profeta, o grande homem do Antigo Testamento que conduziu o Povo à terra prometida. Embora tendo experimentado a graça e a intervenção de Deus na história, o povo daquele tempo, e mesmo Moisés, não puderam ver o Senhor face a face.

Quem é esse homem?

Deus preparou o seu povo ao longo de séculos e séculos. Ele mesmo foi se revelando, dando-se a conhecer aos poucos. No que chamamos de História da Salvação, ou sinonimicamente de História Soteriológica, Deus foi se manifestando, conduzindo sua gente e preparando-os para se dar a conhecer em plenitude.

O Deus de Abraão, o Deus de Isaac e o Deus de Jacó, coberto por nuvens e véus, denominado "EU SOU", quando chegada a plenitude dos tempos, não mais quis se mostrar de forma velada, mas, de uma vez por todas, quis se dar a conhecer inteiramente. Despojando-se de sua glória e majestade nos céus, Ele enviou seu Filho unigênito, para que viesse morar entre nós. E o Verbo se fez carne e habitou no meio de nós (Jo 1,14).

Com o advento de Jesus Cristo, o Senhor nosso Deus se revelou inteiramente! Deus mesmo desceu dos céus e nos visitou. Em Cristo Ele montou definitivamente a sua tenda em nosso meio. Não só de modo figurativo ou lúdico, mas factualmente, Ele veio estar conosco.

Na pessoa de Jesus, Deus tocou profundamente na realidade humana ao se tornar homem como nós, igual em tudo, menos no pecado. Deus pisou nosso chão, sentiu nossas dores, chorou nossas lágrimas, caminhou em nossa terra, fez-se peregrino e sofredor, participando e partilhando da vida de seu povo. Em Cristo, definitivamente, Deus montou a sua tenda entre nós.

Desse modo, o Deus que outrora era invisível, intangível e não revelara sua face, agora em Jesus, ele revela seu rosto, seu jeito, suas características, seu ser por completo.

Agora, sim, podemos dizer que contemplamos a glória de Deus, aquela tão desejada por Moisés e pelos antigos profetas. A nós foi dado contemplar o rosto de Deus em Jesus de Nazaré.

Ele é o Emanuel, Deus conosco, o Salvador. Não um Deus à parte, que fica de longe a nos observar e, vez ou outra, realiza alguma intervenção em nossa história. Não um Deus alheio às realidades desse mundo que, após a criação,nos teria abandonado à própria sorte, ou mesmo um Deus imaginário, lendário ou folclórico, mas temos a certeza de sua existência e de suas obras, temos a certeza de que caminhou com seu povo e, agora, caminha conosco, pois é Emanuel, está conosco, e mais, não só viu nossa vida como um observador atento, mas foi muito além,ao se fazer um de nós.

Retomamos, pois a proposição inicial: quem é esse Homem? Qual sua identidade? Qual o seu rosto? O que podemos dele dizer?

Muito mais que belos adjetivos ou predicativos, fizemos aqui um caminho de profunda experiência de Deus, no sentido de nos ajudar a descobrir o rosto de Jesus. Sim, o rosto. Aqui não buscamos remontar aquelas fotos e estampas tão bonitas que nos mostram um homem belo, bem vestido e sorridente, ou, noutras, o sofredor no flagelo e na cruz. Aqui não buscamos o Jesus das mídias, das propagandas e nem o modelo fotográfico que muitas vezes nos é apresentado. Mas, buscamos ardentemente, neste nosso caminho de iniciação à intimidade com Cristo, descobrir e experimentar quem realmente Ele é, de fato, tirando todos os excessos e enfeites, tentando chegar o mais próximo possível do modo como Ele se apresenta.

Quem é esse homem?

Partindo sempre, e seguramente das Sagradas Escrituras e da Tradição da Igreja, já podemos nos aproximar de um rosto para Jesus: o Filho da Virgem Maria, o Verbo de Deus, o Emanuel. Assim se apresenta o Salvador a nós e assim podemos afirmar como Lucas: "Enquanto orava, o aspecto de seu rosto se alterou, suas vestes tornaram-se de fulgurante brancura. E eis que dois homens conversavam com ele: eram Moisés e Elias aparecendo envoltos em glória" (Lc 9,29-30).

Sim, Ele revelou sua face a nós! Este tal Jesus do qual muitos falam, alguns pregam em seu nome, uns dizem conhecê-Lo e segui-Lo, hoje, nós conseguimos saber quem Ele é, começamos um processo de intimidade e iniciação à vida dele para nos tornarmos seus discípulos e anunciadores. Mas o caminho não acaba aqui! Façamos uma pausa para melhor experimentar a graça de contemplar o rosto de Jesus!

Encontro Celebrativo

Um rosto para Jesus

Descobrindo e experimentando Jesus face a face

"E Jesus, olhando para ele, o amou" (Mc 10,21).

Preparação para o encontro

- Um pôster/foto de Jesus de tamanho razoável, ou de alguém que se imagine ser parecido com Ele, cortá-la com o objetivo de fazer um quebra-cabeça e dar as peças às pessoas presentes. O máximo de pessoas possível deve receber um pedaço no momento do encontro. Obs.: Cuidado ao cortar, o rosto será remontado.

- Providenciar um aparelho de som e as músicas: "Um certo Galileu" (Álbum: Um Certo Galileu 1. Paulinas COMEP, 1975, faixa 1) e "Quem é esse Jesus" (Álbum: Quem é esse Jesus? Coletânea. Paulinas COMEP, 2010, faixa 1), ambos do Pe. Zezinho, SCJ. Se possível, providenciar ainda uma música instrumental ou sons da natureza para ser usada de fundo no momento de oração.

Preparação do ambiente do encontro

- Flores; Bíblia; Velas.
- A imagem do menino Jesus, da Virgem Maria e de São José. As mesmas do presépio.
- Cuidar para que o ambiente esteja agradável, limpo e silencioso, propício à oração.
- Pode-se colocar uma música de fundo no momento da acolhida dos participantes.
- Se possível, usar um pouquinho de incenso para gerar um ambiente de oração e ajudar a mergulhar num clima mistagógico.

1° Momento: Acolhida

Animador: Estamos vivendo um processo de iniciação à vida cristã e, para isso, não existe outro meio senão conhecer aquele a quem queremos ou dizemos seguir. A intimidade com Jesus é requisito indispensável daquele que quer viver com Ele e se tornar seu discípulo missionário. Assim nos diz o documento 107 da CNBB, n° 96:

Todos: "A iniciação à Vida Cristã é a participação humana no diálogo da salvação. Somos chamados a ter uma relação filial com Deus. Com ela, o iniciando começa a caminhada com Deus, que irrompe em sua vida, dialoga e caminha com Ele. Essa vida nova, essa participação na natureza divina, constitui o núcleo e coração da Iniciação à Vida Cristã".

Animador: Vamos iniciar nosso momento de encontro pessoal com Jesus invocando a Santíssima Trindade. Em nome do Pai...

Todos: Amém!

Animador: A graça e a paz de Deus, nosso Pai, a comunhão com o Espírito Santo e o amor revelador de Jesus esteja sempre conosco.

Todos: Bendito sejais Senhor que nos dais a oportunidade de vos conhecer e contemplar vosso rosto santo.

Animador: Invoquemos as luzes do Espírito Santo para nos guiar e nos revelar o rosto de Jesus:

Todos: Vem Espírito Santo, vem! Vem iluminar! *(2x) (cantado)*

Animador: E vós quem dizeis que eu sou? (Mc 8,27). Assim, certo dia, Jesus indagou àqueles que estavam com Ele. Aqueles homens já partilhavam da vida de Jesus há algum tempo. Eles já tinham visto o Divino Salvador realizar curas, milagres, já haviam ouvido sua palavra e recebido muitos ensinamentos. No entanto, querendo se certificar de que os discípulos de fato sabiam quem Ele era, Jesus os indaga com esta forte pergunta: **quem sou eu?**

Leitor 1: Também nós, muitas vezes, quando perguntados quem somos, temos certa dificuldade em responder. Muitos até se sentem tímidos diante dessa pergunta. E as respostas? Ah! Das mais variadas possíveis. Uns dizem o nome, outros dizem onde moram, outros dizem de quem são filhos, há até quem se identifique com o número de identidade ou CPF. Mas, afinal, quem somos? Embora todas essas coisas acima citadas podem ser elementos que nos identifiquem elas não podem, de fato, dizer quem somos na essência.

Animador: O mesmo acontece com Jesus. Todos nós já ouvimos muito falar de Jesus, na Santa Missa, na catequese, nas novenas, nos encontros com familiares e amigos, etc. Jesus não nos é alguém totalmente estranho, sabemos dele, temos algo para dizer sobre ele. Então, se Ele mesmo agora nos perguntasse: E para você? Quem sou eu?

(Momento de partilha. Cada um deve ser convidado a falar um pouco sobre como vê a pessoa de Jesus e qual a sua experiência de fé. Obs. O animador deve cuidar para não delongar demais ou fugir muito do assunto. A pergunta a ser respondida é uma só: quem é Jesus?)

2° Momento: E a Palavra se fez carne

Animador: Uma vez que cada qual teve a oportunidade de dizer um pouco sobre quem é Jesus para si, busquemos agora um encontro pessoal com Ele por meio da Sagrada Escritura e da Tradição da Igreja.

Animador: Quem é esse Jesus?

Leitor 2: Jesus é o Filho de Maria e de José, o carpinteiro. Ele nasceu numa família e no contexto social de sua época. O próprio anjo, no momento da anunciação, diz quem Ele é e por qual nome deveria ser chamado. Ouçamos:

Leitor 3: Ler o relato de Lucas 1,26-38.

Animador: E não para por aí, também no livro de Mateus há um bonito relato sobre o nascimento de Jesus. Vamos ouvir.

Leitor 4: Ler Mateus 1,18-21.

Animador: Assim, nos encontramos com Jesus, o Filho de Maria e de José, o Homem de Nazaré, nosso Redentor.

Todos: Senhor Jesus, nós cremos que Tu és o Filho de Maria e foste recebido por José como pai. Dá-nos a graça de conhecer e assumir este sagrado mistério que se revela no seio da simples e humilde família de Nazaré.

Rezemos

Animador: O anjo do Senhor anunciou a Maria.

Todos: E ela concebeu do Espírito Santo.

Animador: Por meio dessa singela oração que costumeiramente rezamos às seis horas da tarde, ao findar do dia, podemos compreender e contemplar o belo mistério do Deus encarnado que vive no meio de nós, Filho de Maria, tendo por pai terreno José, Ele, Jesus de Nazaré, Filho de Deus. Num instante de silêncio, contemplemos as figuras do presépio: Jesus, Maria e José, e, por meio da contemplação atenta dessas imagens, busquemos entrar no mistério da Sagrada Família de Nazaré e da encarnação do Cristo Senhor.

(Silêncio orante)

Animador: Mas Jesus não é somente o Filho de Maria e de José. Ele é o Verbo de Deus feito carne. Assim nos ensinou São João em seu Evangelho:

Leitor 5: Ler João 1,1-5.14.

Animador: O menino Jesus, homem igual a nós, menos no pecado, é o Verbo de Deus encarnado. Ele já existia antes de todos os tempos. Por Ele tudo o que existe foi criado, tudo se fez e para nossa salvação, desceu do céu para morar no meio de nós.

Todos: Mistério mais belo neste mundo não pode haver. Como pode um Deus tão grande se fazer pequeno como nós? Jesus, verdadeiro Deus e verdadeiro Homem, nós cremos que Tu és nosso Deus. Dá-nos a graça de entender e viver cada dia mais o mistério de tua encarnação e revelação.

Rezemos

Animador: Eis aqui a serva do Senhor.

Todos: Faça-se em mim segundo a vossa palavra.

Animador: Cristo é a Palavra de Deus, palavra com "P" maiúsculo justamente para indicar que se trata de alguém e não simplesmente de um vocábulo. Ele é Deus, estava com Deus antes de todos os tempos e, chegada a plenitude, veio habitar entre nós. Contemplemos o menino na manjedoura e busquemos vivenciar este grandioso mistério. Se você quiser, feche seus olhos e sinta a beleza da criação de Deus e busque rezar e admirar sua encarnação e habitação entre nós.

(Silêncio orante)

Animador: Ainda falta um ponto para adentrarmos mais na intimidade com Jesus e identificarmos o seu rosto.

Leitor 6: Jesus é o Filho de Maria, o Verbo de Deus, mas também é o Deus Conosco: Emanuel!

Leitor 7: Ouçamos a Palavra de Deus. Ler Mateus 1,22-23.

Animador: No Antigo Testamento, o povo de Israel não podia contemplar a face de Deus. Nem mesmo Moisés e os outros profetas viram a Deus face a face. Mas, chegada a plenitude dos tempos, Deus se revelou em Jesus Cristo e habitou entre nós.

Todos: Nós cremos e confiamos que Jesus é o Deus conosco, Emanuel. Ele é a plenitude da revelação de Deus. Em Jesus, Deus revelou sua face a nós, e nós cremos e damos testemunho de que Ele montou sua tenda em nosso meio, viveu conosco, sentiu nossas dores, se fez um de nós.

Rezemos

Animador: E o Verbo Divino se fez carne.

Todos: E habitou no meio de nós.

Animador: Em Jesus, Deus se deu a conhecer plenamente. Se queremos saber como Deus é basta olharmos atentamente para Jesus. Ele é a imagem perfeita do Deus invisível e, ao mesmo tempo, é o modelo perfeito de homem a ser seguido por todos.

(Silêncio Orante)

Animador: Então, quer dizer que já podemos afirmar que sabemos bastante sobre Jesus?

Todos: Sim. Jesus Cristo é o Filho de Maria, por meio dela assumiu a natureza humana. Ele é o Verbo de Deus, pois já existia antes de todos os tempos. Ele é o Emanuel, nosso Salvador, Deus conosco.

Animador: No entanto, vamos imaginar que Jesus entra pela porta. Ele vem devagar, se aproxima de cada um de nós, nos fita com um olhar profundo e nos pergunta mais uma vez: E vós? **Quem dizeis que eu sou?**

(Neste momento deve-se convidar os participantes à oração. Pedir para que se sentem de modo confortável, se possível, e tocar a música do Pe. Zezinho:"Um certo Galileu". Todos devem ouvir em silêncio. Olhos fechados. Não se deve cantar junto, mas meditar cada palavra, cada trecho, a história narrada pelo cantor. Ao final, deve o animador conduzir os participantes a imaginarem como Jesus era: seu rosto, seu cabelo, seu jeito de ser, sua roupa, como ele se comportava. Pode-se colocar uma música instrumental, com som baixo, para motivar o momento orante)

3° Momento: Um rosto para Jesus

Animador: Agora que nós já conhecemos Jesus e tivemos a oportunidade de estar com Ele, se alguém viesse nos pedir referências ou nos perguntar algo sobre Ele, será que já temos intimidade suficiente para dar testemunho?

Leitor 8: Assim como no dia a dia da vida somos interrogados sobre as pessoas, enviamos currículo quando precisamos de emprego ou buscamos saber referências de alguém, também a testemunha fiel de Jesus deve dar indicações precisas e corretas sobre seu Divino Mestre.

Animador: A partir de tudo o que lemos e rezamos já podemos tentar imaginar como era Jesus e montar o seu rosto. Toda pessoa precisa ter rosto, identidade, referência. Já sabemos bastante sobre Ele, agora é hora de experimentá-Lo, hora de conhecer seu rosto. Ouçamos com atenção esta música enquanto cada um segura em sua mão o pedaço do quebra-cabeça.

(Tocar a música: Quem é esse Jesus. Pe. Zezinho, SCJ. Motivar a todos para ouvir e prestar bastante atenção na letra).

Animador: Vamos agora montar um rosto. Este nosso gesto é só um símbolo da identidade de Jesus que deve ser construída para cada um de nós. Não um Jesus individual, intimista, ao gosto de cada um, mas a partir de quem Ele realmente é, tendo por base as Sagradas Escrituras e a Sagrada Tradição da Igreja. Enquanto montamos, ouçamos mais uma vez a música e busquemos responder em nosso coração: **Quem é esse Jesus?**

(Ao terminar de montar o quebra-cabeça e formar o rosto de Jesus, convidar os participantes a focarem nele o olhar, a contemplá-Lo profundamente e rezar no íntimo).

Animador: Agora sim, Jesus tem um rosto para nós. Ele deixou de ser um simples anônimo, mas se tornou alguém, uma pessoa que conhecemos, sabemos sua origem, sua família, sua identidade. Deixemo-nos, agora, nos apaixonar por ele e nos envolver ainda mais neste processo de intimidade, descoberta e discipulado.

Oração Final: Cantemos juntos: A Barca. (Pe. Zezinho, SCJ) "Senhor, tu me olhastes nos olhos e a sorrir pronunciastes meu nome..." Pai nosso... Ave Maria... Glória...

Animador: Como compromisso, busquemos crescer mais no conhecimento e intimidade com Jesus, relendo o conteúdo, meditando a Palavra de Deus e participando da Missa.

Anotações

Eis que estou convosco

O encontro como pedagogia

E eis que Jesus veio ao seu encontro e lhes disse: "Alegrai-vos". Elas, aproximando-se, abraçaram-lhe os pés, prostrando-se diante dele (Mt 28,9).

Capítulo 2

Eis que estou convosco

A vida é feita de encontros! E como é bom encontrar as pessoas que amamos. Como vimos e vivemos anteriormente, Deus quis se encontrar conosco de modo pleno por meio de seu Filho Jesus Cristo. Ele, o Filho de Maria, o Verbo de Deus, o Emanuel, que nos revelou sua face e a face do Pai, quis, livremente, permanecer no meio de nós. Vamos dar mais um passo neste caminho de intimidade com Jesus. Uma vez que sabemos quem Ele é, que identificamos seu rosto, sua identidade, agora queremos nos encontrar com Ele, na intimidade, encontro pessoal, olho no olho, coração com coração.

É próprio de nossa natureza humana querer encontrar. Como seres sociais que somos gostamos de estar juntos, em sociedade, em conjunto. Nisso temos o exemplo dos animais, criaturas de Deus, que vivem, migram e se defendem sempre em bandos. Para usar nosso linguajar corrente: em comunidade!

Vivemos entre encontros e, por vezes, certos desencontros, mas o encontrar é inerente ao viver; afinal, ninguém consegue ser feliz sozinho, pois somos seres relacionais. Começamos nossa vida em uma família, célula base da sociedade. Em pouco tempo já estamos na escola, formamos grupos de amigos, de trabalho, etc., e, assim, vamos nos engajando na sociedade e nos formando seres de encontro e para o encontro.

Como uma mãe, cujos filhos moram em outra cidade, quando se aproxima alguma data comemorativa, ela arruma a casa, prepara as camas, faz os pratos preferidos de cada um e deixa tudo prontinho para a chegada deles. No dia determinado, cada minuto parece horas. Ela espera, chega no portão, olha na janela, na expectativa da chegada de seus filhos. E, de repente, chegaram! Aí é só alegria! Festa, comemoração, a celebração do encontro!

Com crianças pequenas que vão à escola pela primeira vez também é assim. Primeiro a dor da separação dos pais. Em seguida o medo do novo e desconhecido e, por fim, após se afeiçoarem aos coleguinhas e à professora, a "tia" carinhosamente chamada, gera a expectativa do novo dia, na esperança de se reencontrar.

Os namorados também são especialistas em encontro! E quanto sentem a demora da semana para chegar o dia certo de se verem. As mensagens de WhatsApp, as fotos, o bom dia carinhoso de sempre, nada é capaz de substituir o abraço apertado e o beijo doce no momento do encontro. Toda aquela preparação e cuidado para estar junto com o amado desde a roupa, o cabelo, os detalhes mínimos para agradar e apaixonar ainda mais o coração enamorado.

Os amigos também sabem se encontrar. E como sabem! Na conversa jogada fora no barzinho, após um dia duro de trabalho, no futebol toda semana, na casa das amigas para bate-papo descomprometido, com o violão na praça em tempo de férias, na viagem de fim de semana sem muita programação, nas rodas de conversa onde cada qual pode ser ele mesmo e relaxar na presença dos companheiros de vida. Encontrar os amigos é prazeroso, pois ali nos identificamos e sentimos à vontade para ser quem a gente é; ali, todo mundo é amigo, nem mais e nem menos, nem mestre e nem discípulo, nem professor ou aluno, todos iguais, todos amigos!

Enfim, encontrar! Em casa, na rua, na conversa de esquina, sentados na calçada entre vizinhos, apreciando a noite em

Eis que estou convosco

uma bela conversa, no recreio da escola, no intervalo do trabalho, na Igreja, nas comunidades, na família... o encontro é sempre fundamental. Afinal, para encontrar é preciso estar presente, ser presença, se dar a conhecer.

Com Jesus também foi assim. Ao despojar-se de sua majestade, descer de seu trono glorioso, Ele realizou este movimento de encontro ao se encarnar e habitar entre nós. Sim, esse sacratíssimo mistério da encarnação do Verbo de Deus pode ser traduzido de modo simples, mas não menos profundo, do desejo de um coração apaixonado e cheio de misericórdia, que quis se encontrar conosco, estar conosco, viver entre nós, e mais ainda, permanecer conosco.

Embora tenha Deus tomado a iniciativa do encontro conosco, dando-se a conhecer, infelizmente, muitos ainda se fecham a este encontro de amor. Vivem com pressa, sem tempo, correndo e perdem a oportunidade de se encontrarem com as pessoas e com Jesus. Às vezes até esbarram, passam perto, mas sem encontro efetivo.

Mesmo tendo se revelado, diante das dificuldades da vida, não raramente ouvimos queixas de pessoas ao dizerem que Deus as abandonou, que Ele não ouve suas orações e nem se importa com suas dores e dificuldades. Mas, afinal, não foi Jesus mesmo quem nos prometeu que estaria conosco todos os dias até o fim dos tempos? (Mt 28,20). Por que, então, muitos ainda têm uma concepção de Deus como alguém distante, longe, alheio a nossa vida e realidade, que não se compromete conosco? Será assim mesmo? Será que, após cumprir sua missão e voltar aos céus, Jesus teria nos deixado à própria sorte? Ou estaria Ele a caminhar conosco pelas estradas da vida?

2.1 Ele está no meio de nós

É sempre assim. Desde as cidades menores até nos grandes centros. O início do dia, a hora do almoço e o fim do expediente é sempre muito complicado. Pessoas correndo, carros lotando as ruas, motoristas impacientes buzinando freneticamente, ônibus freando e gente correndo para alcançá-los. Pessoas com fones de ouvido parecem alheias a tudo o que acontece ao redor. Outras, correndo, parecem disputar uma maratona! Nessa hora, um esbarrão, um empurrão, uma cara feia para quem vai em outro ritmo, tudo isso acontece. Obrigado? Desculpa? "Foi mal"? Me perdoe? Ora, tudo bobagem, neste momento não há tempo para tanta educação.

O relógio corre! E as pessoas mais ainda, tentando acompanhar seu ritmo acelerado. O vendedor ambulante grita seu produto na expectativa de ser ouvido em meio àquela loucura. Outro, vendedor de CD's e DVD's, coloca seu som alto, o mais possível, para dar a trilha sonora daquele caos instaurado. Vai e vem, corre-corre, pressa, ninguém olha no rosto de ninguém, ninguém se interessa em saber o nome de quem quer que seja, são todos, absolutamente todos, mais um no meio da multidão.

Na hora de pico, ou do rush como alguns gostam de chamar, como um bando de formigas desordenadas quando interrompemos sua correição, pessoas vão e vêm às pressas, não mais se preocupando com o encontro, mas, sim, com o esbarrão. Pois é, na multidão ninguém é ninguém, não há identidade, intimidade, singularidade, mas todos são um monte, uma massa, um "povão", que não se identifica, que não se percebe, que não se encontra.

Eis que estou convosco

Em nossas cidades, pequenas ou grandes, no meio dessa loucura instaurada, ainda é possível perceber uma presença, física é certo, uma edificação, mas que, por vezes, é um lugar de paz e oásis no tumulto da multidão para quem a procura: a igreja. A igreja templo ali edificada que, tantas vezes até passa despercebida no meio do vai e vem da vida, é um sinal visível, palpável, da presença DAQUELE que quer se encontrar conosco, que deseja estar conosco, que quer nos tirar da multidão e do anonimato para nos fazer singular, um com Ele. Pois é bem assim, no meio da luta e correria de cada dia, Ele está no meio de nós.

Os afazeres e tantas obrigações que temos que realizar ao longo do dia vão, ainda que aos poucos, nos afastando da cultura do encontro. Temos pressa sempre, temos a impressão de que estamos sempre atrasados, com o horário contado em cima. E isso vai nos tornando mais fechados, individualistas, retraídos ao encontro e à convivência.

Hora de meditar!

Pare agora a leitura do texto por um instante. Sinta o ambiente ao seu redor. Ele está aqui, agora, junto com você. Nas coisas criadas, na manifestação da vida, sinta a presença de Deus que te toca nesse momento. Nas palavras desse livro, Ele está falando com você, reflita um pouco sobre tudo o que você leu, sobre suas impressões e o que Deus tem falado com você. Sinta sua respiração, o dia lá fora, o silêncio, a paz interior, seu coração pulsar, isso é toque, é presença de Deus!

Uma das respostas mais belas da Santa Missa, que o missal em língua portuguesa trouxe, diferente de outras partes do mundo, é quando o sacerdote convida a assembleia à oração dizendo: "O Senhor esteja convosco". E, numa só voz, todos respondem: "ELE ESTÁ NO MEIO DE NÓS". Veja que bela afirmação de fé: Ele vem ao nosso encontro!

O problema é que na maioria das vezes nos fechamos a este toque, abraço, encontro com Deus. Sabemos quem é Jesus, conhecemo-Lo, temos indicações sobre Ele, mas, no entanto, não o encontramos de verdade. Temos sobre Ele tão somente um conteúdo teórico, e retórico, que não é capaz de mudar a vida e a existência de ninguém. A teoria não muda a existência, mas a experiência, sim. Em relação à experiência de encontrar Jesus, ao lançarmos um olhar atento a nossa volta, em nossa realidade, será que alguém abandonou o caminho de viver segundo o modo de vida que Ele desperta e propõe? Será que alguém dentre nós, mesmo após ter descoberto o rosto de Jesus não quis continuar o processo de iniciação e intimidade com Ele?

É sabido que tal como as pessoas, ditas anteriormente, que na correria da vida, após um dia de trabalho se cruzam na rua, esbarram umas nas outras e nem se dignam a dizer: "oi", "desculpa", "me perdoe", "vai em paz". Muitos querem, e preferem também, tão somente se esbarrar em Jesus, ao invés de buscar realizar um encontro pessoal e profundo com Ele.

E você, tem se esbarrado com Jesus ou já se encontrou com Ele? Você tem tempo para estar com Jesus ou só se refere a Ele na correria do dia a dia? Ele quer encontrá-lo!

Eis que estou convosco

É muito interessante e importante notar o quanto o encontro é capaz de realizar belas transformações em nós. Sobretudo o encontro pessoal com Jesus. Basta ver certos testemunhos, narrativas de quem se encontrou com Ele e teve toda a sua vida mudada.

Jesus é especialista em encontros. Ele nunca se negou a encontrar ninguém e a estar com pessoas. Seu próprio movimento de encarnação demonstra isso. Ele, Verbo de Deus, se fez homem para vir se encontrar conosco no chão de nossa existência real. Ele se fez um de nós, se encontrou conosco e nos encontrou!

Mas será que ainda hoje é possível encontrar Jesus? Será que Ele ainda se dá a conhecer e a encontrar como nos tempos de outrora?

2.2 Sua pedagogia: o encontro

No processo de iniciação à vida cristã que estamos vivendo, em nossa catequese, nos documentos recentes da Igreja e na roda de amigos, muito, muitíssimo mesmo, tem se falado sobre o encontro pessoal com Jesus. Fazer uma experiência concreta com alguém, necessariamente passa pela dinâmica do encontro. Afinal, como posso dizer que conheço alguém, que tenho intimidade, se não o encontrei de fato? No entanto, essa proposta de encontro pessoal gera questionamento e inquietação em bastante gente. Pois, o que de fato isso quer dizer? Como ele se realiza? Como é possível? Jesus ainda se deixa encontrar concretamente? (DAp, n. 28 e 29).

Durante seu ministério terreno Jesus se tornou o Mestre do encontro – sempre encontrando e se deixando encontrar. Não era um pregador distante ou alheio à realidade de seu povo, pelo contrário, deixava sua mensagem em palavras simples, usava analogias e parábolas para se fazer entender e, o mais importante, se encontrava com todos.

A proximidade que Jesus permitia às pessoas era tal que, muitas vezes, os escribas, fariseus e mestres da Lei usavam dessa capacidade que Ele tinha para o encontro, justamente para criticá-Lo e puni-Lo legalmente; verifi- quemos o texto de Mateus 9,11. Mas Jesus não se deixava intimidar por isso, pelo contrário, encontrava e dava-se cada vez mais ao encontro.

Perceba que o método da pregação de Jesus é o encontro. Nas narrativas dos Evangelhos há sempre alguma referência de que Ele estava no meio da multidão (Jo 6,2), ou ensi- nando nas sinagogas (Mt 4,23), ou que a multidão o seguia (Mc 9,14), ou seja, Jesus estava sempre rodeado de pessoas, pregando e praticando o encontro.

Jesus sempre vai ao encontro das pessoas, via de regra, conforme a narrativa dos Evangelhos, Ele sempre toma a par- tida, dá o primeiro passo, aproxima-se e se revela na beleza do estar com o outro. Vejamos o texto de Mateus 17,7, Jesus se aproximou e os tocou! Veja que belo exemplo do Divino Mestre: Ele toma a iniciativa, aproxima-se das pessoas e toca- -as num gesto de proximidade e acolhimento.

Neste momento do encontro, do toque, do olhar, ali se realiza plenamente o Reino de Deus. Sim! Jesus, sinal per- feito do Reino Celeste, realiza concretamente sua missão salvífica ao encontrar as pessoas e transformar suas vidas. O Reino de Deus, a salvação, acontecem no encontro pessoal e íntimo com Jesus de Nazaré.

Eis que estou convosco

O encontro com Jesus tem um poder transformador para os homens e mulheres do Evangelho. Todos os que tiveram a oportunidade de encontrar Jesus tiveram suas vidas transformadas. Alguns mais que outros, obviamente, conforme a abertura que deram à graça de Deus por meio de Jesus, mas, todos, sem exceção, ao viver a experiência pessoal com o Divino Redentor tiveram suas vidas transformadas, incomodadas.

Incomodadas? Sim, incomodadas! O encontro com Jesus tira da zona de conforto, faz reagir às situações da vida, confronta a própria existência. A partir dos personagens bíblicos, verificamos que nenhum que houvesse estado com Jesus saía o mesmo daquele momento. A transformação era latente, pois, a palavra, os gestos, o olhar, o ser de Jesus incomodavam, faziam deslocar, mexiam com o profundo da pessoa, destruíam o que era seguro, balançavam as estruturas e faziam mudar, transformar o que parecia tão sólido e imutável. Bastava seu olhar, bastava um encontro e tudo novo se fazia, nada era mais como antes, mas novo, tudo novo, renovado nele.

Após um estudo atento sobre os principais encontros de Jesus narrados nos Evangelhos – observe-se que são muitos, no entanto, para fins dessa nossa conversa, traremos três dos mais conhecidos, estes, porém, não esgotam o assunto e nem todos os presentes nas narrativas bíblicas – verificamos que, todos eles, via de regra, apresentam uma certa estrutura. Ou seja, por meio destes encontros podemos verificar qual era a pedagogia de Jesus, qual sua metodologia para encantar, pregar e transformar a vida das pessoas.

Vejamos:

1º O Resgate

Quando Jesus se aproxima de alguém, Ele, no primeiro momento, não faz perguntas ou julgamentos. Ele não fala sobre pecados, erros, não aponta o "dedo na cara" de ninguém e nem acusa em xingamentos e exibições de força e poder. Pelo contrário, Jesus acolhe, ama e busca entender a pessoa. Diferente dos religiosos de seu tempo, Jesus busca resgatar a pessoa em sua dignidade, em sua capacidade de ser gente, pessoa, imagem e semelhança de Deus. Ele quer salvar a pessoa toda, inteira e integrada, devolvendo-lhe a capacidade de se restaurar e se reintegrar consigo mesma, na família, na sociedade e na religiosidade. O primeiro elemento do encontro com Jesus é o resgate da pessoa em sua dignidade. Com Jesus ninguém fica no chão, na lama, jogado às traças. Ele a resgata e lhe oferece a oportunidade de ser gente, pessoa em toda a sua dignidade e capacidade de construir e relacionar.

Capítulo 2

Eis que estou convosco

2º O Despertar

Após resgatar a pessoa de sua lama, seu fosso, Jesus a desperta para uma nova vida, uma outra possibilidade. Afinal, ao ser resgatada do mal é necessário uma nova chance para viver o bem. O Divino Mestre convoca a pessoa resgatada mostrando-lhe um novo caminho, uma nova possibilidade, a fim de abandonar a vida e as atitudes passadas e se entregar a um novo rumo. Jesus abre possibilidades antes não vislumbradas, mostra meios não imaginados e expectativas não pensadas. Ele abre os olhos e a mente daquele com quem se encontrou, abre os horizontes e desperta para a beleza da vida, da existência, de ser quem é, e das muitas possibilidades de realização e felicidade, mesmo deixando de lado aquele outro caminho. O segundo elemento do encontro com Jesus é, pois, o despertar do melhor da pessoa, do melhor ser e das possibilidades de mudança e realização, a partir do encontro pessoal com o Divino Salvador.

3º Seguimento

Jesus não propõe a ninguém que o siga de forma gratuita. Aliás, salvo alguns poucos na narrativa dos Evangelhos, como os discípulos, Jesus não convidou ninguém para o seguir de modo enfático. Ou seja, as curas, milagres, sinais que Jesus realizava, Ele não exigia como retribuição o seguimento, mas, sua atitude após cada encontro salvífico era sempre "tua fé te salvou, vai e não peques mais". (Mc 5,24). O seguimento a Jesus não era requisito ou exigência, mas a gratuidade, própria de quem se encontrou de fato com Ele e não quis mais deixá-Lo. A pessoa se põe a seguir Jesus. Por vezes, não deixando tudo como fizeram os apóstolos, mas, sim, mudando de vida, de atitude, de rumo, e assumindo em suas vidas o encontro com Cristo. O seguimento é sinal daquele que fez uma experiência real de encontro com o Mestre. O terceiro elemento do encontro com Jesus é o seguimento.

Você consegue identificar este caminho em sua vida pessoal? Você consegue olhar para sua história e perceber que já viveu, ou está vivendo, algo parecido com isso?

Vejamos nos Evangelhos a pedagogia de Jesus

Pare a leitura por um instante.
Pegue sua Bíblia. Marque os textos:
Lc 19, 1-10; Mc 10, 46-52 e Jo 4, 1-26.

Iniciemos pelo texto de Lucas. Aqui está a narrativa do **encontro de Jesus com Zaqueu**. Diz o texto que Jesus passava por ali, havia uma grande multidão, e Zaqueu subiu na árvore para tentar ver Jesus, pois era de estatura baixa. Ao se aproximar, Jesus olhou para cima e disse: "Zaqueu, desce depressa, pois hoje devo ficar em sua casa" (Lc 19,5). Perceba, Jesus resgata Zaqueu ao chamá-lo pelo nome. Ora, não existe elemento que nos identifique melhor e gerador de intimidade que o próprio nome. Ali, mesmo no meio da multidão, Jesus para, olha para cima, chama-o pelo nome e diz querer ficar em sua casa. Logo aquele pecador, espremido na multidão. Sim, Jesus resgata Zaqueu.

Em casa de Zaqueu, Jesus o desperta para novas possibilidades. Ele entra em sua casa, senta em sua mesa e come de sua comida. Esta atitude de Jesus gerou estranheza em muitos que, do lado de fora, murmuravam contra Ele (Lc 19,7). Mas Jesus estava preocupado em encontrar Zaqueu e transformar-lhe a vida. Jesus o resgata, realiza ali a salvação, e, como não podia deixar de ser, o encontro com Jesus foi tão impactante, que mudou completamente a vida e as perspectivas de Zaqueu ao dizer: "Senhor, eis que dou a metade de meus bens aos pobres, e se defraudei alguém, restituo-lhe o quádruplo" (Lc 19,8). Veja os sinais do seguimento. Não que Zaqueu deixasse tudo para trás para seguir viagem com Jesus, como um apóstolo, mas, ele decidiu segui-Lo com a vida, nas atitudes, no jeito de ser. E assim, Jesus exclamou: "Hoje a salvação entrou nesta casa" (Lc 19,9).

Do mesmo modo aconteceu com o **cego de Jericó**, Mc 10,46-52. "Estava um cego de nascença sentado às portas de Jericó. Quando ouviu que Jesus estava passando por ali, embora houvesse grande multidão e os discípulos ao redor de Jesus, ele começou a gritar para chamar a atenção do Senhor. Embora muitos o repreendessem, ele não se calou, gritou mais alto e, Jesus em seu infinito amor, parou e mandou chamá-Lo". Veja, diante de uma grande multidão (Lc 10,46), Jesus para e dá atenção a um homem cego que clamava por Ele. Ali Jesus o resgata, ao deixar de lado todas as outras pessoas, toda a multidão e os seus discípulos. Ao interromper o seu caminho, parar sua caminhada para dar atenção àquele cego, Jesus o resgata em sua dignidade e lhe devolve o seu lugar de gente, reintegra-o à sociedade, à cidade de Jericó, a seu povo. Ao se aproximar Jesus lhe perguntou: "Que queres que te faça?" (Lc 19,51). Ao fazer esta pergunta, mais uma vez, Jesus desperta a pessoa para o seu melhor eu, a melhor possibilidade que lhe pode haver. Afinal, qual a melhor realização para alguém que é cego senão recuperar as vistas? Senão voltar a enxergar e participar da vida de sua família e de toda a sociedade? Jesus o desperta para o melhor, para o ser melhor, para o ver melhor! E Jesus lhe oferece a mudança a partir deste encontro profundo e pessoal: " 'Vai, tua fé te salvou'. No mesmo instante ele recuperou a vista e o seguia no caminho" (Lc 19,52). E o seguia pelo caminho! Oh, que bela narrativa de encontro. Jesus o resgatou, despertou seu ser para novas possibilidades e, este outrora cego, agora motivado pela experiência com Jesus, segue-o pelo caminho, pela vida, pela existência, após ter todo o seu ser transformado pelo encontro pessoal com Jesus.

E, por fim, o **encontro com a Samaritana** em Jo 4,1-26. Jesus, em viagem, sentou-se junto à fonte quando se aproximou uma mulher samaritana. Jesus lhe pede água para beber, o que causa estranheza nessa mulher, pois além de pertencerem a povos que não se entendem bem, ali ainda se tratava de um homem e uma mulher desconhecidos. Mas, assim inicia o encontro. No início a mulher resiste, indaga, duvida. Mas Jesus lhe resgata em sua dignidade. Ela estava sofrida, já havia tido cinco maridos, estava com um sexto que não lhe pertencia e, sozinha, buscava água no poço. Era alguém perdida na vida e em sua história pessoal, alguém que não havia se encontrado nem consigo mesma. Mas Jesus a resgata, fala sobre sua terra, sua gente, sua religião e sobre sua vida. A samaritana percebe que não está diante de um homem qualquer: "Senhor, vejo que és profeta" (Lc 4,18a). E assim, Jesus a desperta para o melhor ao dizer que pode conceder-lhe uma água que mata a sede definitivamente, que transforma a vida e as realidades, que muda tudo. Jesus apresenta-se como a água que é capaz de transformar todas as coisas: "A mulher lhe disse: 'Sei que vem um Messias (que se chama Cristo). Quando ele vier, nos explicará todas as coisas'. Disse-lhe Jesus: 'Sou eu, que falo contigo'". (Lc 4,25). Naquele instante Jesus a desperta para o melhor. Afinal, também ela era crente na promessa do Messias e esperava aquele que viria salvar seu povo. Jesus mostra a essa mulher quem Ele é. Num verdadeiro encontro pessoal se revela a ela e a desperta para o encontro. O impacto que o encontro com Jesus causou na vida daquela mulher foi tão grande que, imediatamente, ela se colocou em seguimento e saiu a anunciar as maravilhas que vivera, por meio deste evento marcante e transformador de sua existência, que foi ter encontrado o Divino Mestre. "A mulher, então, deixou o seu cântaro e correu à cidade, dizendo: 'Vinde ver um homem que me disse tudo o que fiz. Não seria ele o Cristo?' Eles saíram e foram ao seu encontro" (Jo 4,28).

Assim, verificamos como Jesus se encontrava e transformava a vida daqueles com quem esteve, conforme as narrativas dos Evangelhos. O resgate, o despertar e o seguimento, essa era sua metodologia, essa era sua pedagogia.

Ainda hoje, Jesus vivo e ressuscitado, continua a se deixar encontrar e continua também ele, ir ao encontro das pessoas. Nós cremos que Jesus não é, tão somente, um evento histórico pontual que ficou no passado, nos livros, na história narrada. Muito pelo contrário, Ele está vivo! Por isso, o que ocorreu com os homens e mulheres da bíblia, o que lhes foi dado a oportunidade de viver e experimentar, também é dado a mim e a você, basta querer. (DAp, n. 101).

Devemos, imediatamente, quebrar a imagem que temos de Jesus como alguém estranho, alheio e longe de nós, como um Deus que não se comunica, não encontra, não se dá a conhecer. Jesus usa do encontro como seu meio de estar com os outros, de se revelar, de se dar a conhecer. Você quer se encontrar com Jesus? Você quer viver esta experiência dos personagens do Evangelho em sua vida? Você quer ser resgatado, desperto e ter a oportunidade de segui-Lo? Você quer ver e ter sua vida e sua história transformadas a partir deste encontro? Prepare-se, Ele está aqui, no meio de nós!

2.3 Nós vimos e ouvimos

Neste caminho de discipulado e experiência com Jesus que estamos nos propondo, podemos olhar para trás e verificar um pouco do que já vivemos. Conhecemos Jesus, podemos falar quem Ele é: Filho de Maria, Verbo de Deus, Emanuel – Deus conosco. Tivemos a oportunidade de viver um belo momento de oração e encontro com Ele onde descobrimos seu rosto. Em seguida, deslumbramos que Ele está no meio de nós e que sua metodologia de pregação não é outra, senão, o encontro pessoal. Feito este percurso, podemos afirmar que nós vimos o seu rosto, sabemos quem ele é, e estamos crescendo e aprofundando no encontro com Ele.

Vivemos numa sociedade de informação. Somos a cada segundo bombardeados com tantos dados: imagens, notícias, vídeos, fotos, mensagens, tantas e tantas coisas e informações que nos tiram a paz e a essência.

As redes sociais são grandes mestras em tirar o essencial de cada coisa. Ali parece terra de ninguém. Pessoas postam fotos daquela viagem do ano passado como se estivesse acontecendo agora. Outras compartilham notícias, catástrofes, acidentes, como numa verdadeira carnificina sem se importar com os sentimentos e as perdas dos outros. Há ainda quem vive uma vida real e outra, muito diferente, no mundo das redes sociais. Isso sem falar no *fake*, gente que cria perfis falsos, com fotos de viagens, festas, roupas, tudo embasado na falsidade e no nítido e claro objetivo de enganar os outros. São tantas redes sociais, aplicativos e programas que chegam a roubar tempo, dinheiro e até a própria identidade.

E por que nós gastamos tanto tempo diante disso? Qual este desejo curioso de saber e acompanhar a vida alheia, que nos prende diante deste conteúdo? E mais, por que muitos vivem só vida virtual enquanto a vida real está um verdadeiro caos?

Da mesma forma são os canais de televisão e de internet. Ser famoso hoje é muito simples, sobretudo para quem está disposto a pagar qualquer preço. Ultrapassa o limite do ridículo ver vídeos em canais de internet e ver a que certas pessoas se submetem para ganhar audiência, seguidores, "likes". As TV's, embora perdendo cada vez mais audiência, atacam de modo baixo querendo garantir um pouco dessa fatia. Os canais por assinatura, a cabo, buscam o público a todo custo e querem tomar seu espaço. Pena que, tanto na TV quanto na internet, homens e mulheres de Deus, por vezes, cumprem um papel deplorável se igualando a tantos outros que, movidos por ideais diversos,se deixam levar por um itinerário que não é o percorrido por Jesus.

A TV, a internet, as redes sociais têm um poder de fascínio sobre nós porque somos seres que buscam experienciar. Isso mesmo. Nossos próprios sentidos vitais nos ajudam e induzem a querer experimentar algo no limite do toque, da fala, da escuta, da visão e do cheiro. Entendemos que vivemos de fato uma experiência profunda, e que valeu a pena, quando ela é capaz de abarcar todos, ou pelo menos, alguns dos nossos sensores naturais.

São João Evangelista, no início de seu Evangelho e de suas cartas, faz questão de ressaltar a encarnação do Verbo de Deus e a experiência que se faz com ele a partir dos próprios sentidos. Ora, só se pode experimentar por meio dos

Eis que estou convosco

sentidos aquilo que é concreto, real, palpável. Assim inicia João a sua primeira Carta. Vejamos textualmente:

> O que era desde o princípio, o que ouvimos, o que vimos com nossos olhos, o que contemplamos, e que nossas mãos apalparam do Verbo da vida porque a Vida manifestou-se: nós a vimos e dela vos damos testemunho e vos anunciamos esta Vida eterna, que estava voltada para o Pai e que nos apareceu o que vimos e ouvimos vo-lo anunciamos para que estejais também em comunhão conosco (1 Jo 1-3a).

Preste atenção nos verbos usados e destacados pelo autor da carta: "vimos, ouvimos, tocamos, contemplamos, anunciamos e damos testemunho". Vimos, ouvimos e tocamos! Veja, o uso dos sentidos é próprio daquilo que é concreto, real.

Assim como a internet, os canais de TV, a culinária, os cheiros, despertam em nós certos desejos e experiências capazes de transformação, assim também ocorre com o encontro pessoal com Jesus.

Estamos aprofundando o nosso itinerário de iniciação e intimidade com Jesus. Nesse encontro buscamos ter acesso à sua identidade, saber quem Ele é, de onde vem, construirmos o seu perfil, o seu rosto, e, acima de tudo, termos a oportunidade de vê-Lo, tocá-Lo, experimentá-Lo, tal como Ele é.

Assim, podemos realizar o que São João nos sinalizou e contemplar a Sua glória, dando testemunho do Verbo da vida, que Jesus está vivo e presente no meio de nós. Como pessoa, Ele se dá a conhecer e ao relacionamento conosco. Como um amigo: vimos, tocamos, experimentamos e damos testemunho!

Todo o nosso percurso está enraizado na Palavra de Deus. A todo tempo, em todo momento, citamos, verificamos, lemos, estudamos e rezamos a santa Palavra. Por meio dos Evangelhos, das Cartas, tomamos contato com a voz direta de Jesus. Seus ensinamentos foram entrando em nossos ouvidos e tocando nosso coração. Palavra por palavra, gesto por gesto, encontro por encontro, foi nos fazendo apaixonar ainda mais pelo Divino Mestre.

Ao saber quem Ele é, abrimo-nos à intimidade profunda. Esta intimidade nasce de um encontro pessoal que é transformador, que enriquece, muda a pessoa toda e sua estrutura. Quem de nós pode dizer que saiu o mesmo após um encontro pessoal com Jesus?

Enfim, nós vimos, ouvimos e damos testemunho. Ele está no meio de nós. Esta certeza da presença de Jesus em nosso meio garante o testemunho e sua eficácia, uma vez que podemos afirmar e esperar, que o mesmo que Ele fez em minha vida e na sua, ele fará, e continuará fazendo, na vida de tantos que o procurarem de coração aberto.

Os frutos colhidos a partir deste encontro são visíveis, palpáveis e verificáveis. Quem não conhece alguém que, após viver uma experiência de fé e encontro com o Senhor, mudou de fato? Tanta gente que estava com a vida arruinada pelos vícios, pelas dívidas, a falta de amor nas famílias, desempregados e vivendo situações de risco e desespero. Outros sem rumo na vida, ainda que sem problemas graves, mas pessoas

Eis que estou convosco

vazias, sem esperança ou sentido para a própria existência. São tantos os testemunhos e narrativas que, ouso dizer, são inesgotáveis. Muitos, e todos, que se encontraram com Jesus tiveram sua história completamente mudada.

Também nós tivemos, ou estamos vivendo agora, este encontro pessoal e transformador com Jesus de Nazaré. Impossível dizer que isso seja mentira, pura ilusão ou simplesmente sentimentalismo barato e sem razão de ser. Nenhum desses motivos é suficiente para dar vazão a tão grande mudança existencial.

O encontro pessoal com Jesus abrange a pessoa em todo o seu ser, em todas as áreas de sua existência. A transformação não é somente pontual, mas, uma vez imerso o seu ser no de Cristo, todo ele é transformado, renovado. Assim, no dizer de São Paulo aos Tessalonicenses:"O Deus da paz vos conceda santidade perfeita; e que o vosso ser inteiro, o espírito, a alma e o corpo sejam guardados de modo irrepreensível para o dia da Vinda de Nosso Senhor Jesus Cristo" (1Ts 5,23).

Desse modo, podemos afirmar: nós vimos, ouvimos e damos testemunho, Ele está em nosso meio e nós O encontramos pessoalmente.

Encontro Celebrativo

"Queremos ver Jesus" (Jo, 12,21)

Resgatar, despertar e seguir, frutos do encontro pessoal.

Mestre viemos encontrá-Lo.

Preparação para o encontro

- Preparar uma bacia apropriada para lava-pés, bem como uma toalha. Se possível, providenciar um óleo próprio para banho ou alguma essência perfumada para a pele.

- Providenciar aparelho de som e as músicas: "Quando a gente encontra Deus" do Pe. Zezinho, SCJ (Álbum: Quando a gente encontra Deus. Paulinas COMEP, 1995, faixa 10) e "Ela muito amou" de Eliana Ribeiro (Álbum: Tempo de Colheita. Canção Nova, 2002, faixa 8). Ou caso seja possível, alguém que toque e cante para ajudar neste momento de oração.

Preparação do ambiente do encontro

- Bíblia; Velas.

- Cuidar para que o ambiente esteja agradável, limpo e silencioso, propício à oração.

- Pode-se colocar uma música de fundo no momento da acolhida dos participantes.

- Se possível, usar um pouquinho de incenso para gerar um ambiente de oração.

- Pode-se colocar em lugar de destaque o rosto de Jesus montado no encontro anterior.

- Deixar uma cadeira entre todos vazia, no momento da oração, ali será o lugar de Jesus.

1º Momento: Acolhida

Animador: Sejam bem-vindos caríssimos irmãos. Hoje daremos mais um passo em nossa vivência de iniciação cristã, este caminho de conhecimento e intimidade com Jesus que estamos fazendo. Nós já vimos seu rosto, sabemos quem é, agora, vamos nos encontrar com Ele na intimidade. Saber quem é, encontrá-Lo e segui-Lo, este é o itinerário de todo discípulo missionário, esta é a via de todo aquele que quer conhecer a Deus. Assim nos diz o documento de número 107 da CNBB, n.87:

Todos: "Tudo o que precisamos conhecer de Deus e seu mistério encontramos na pessoa de Jesus. Nele, ''chave, centro e fim de toda história humana'', se faz presente o mistério do Reino de Deus. Ele está a serviço deste Reino. Por sua vida, palavras e ações, por sua doação total na cruz e gloriosa ressurreição, Ele revela ao mundo o amor e o projeto de salvação do Pai que ama a todos. Para entrar nesse mistério não há outro caminho senão o encontro pessoal com Jesus".

Animador: Vamos iniciar nosso momento de encontro pessoal com Jesus invocando a Santíssima Trindade. Em nome do Pai...

Todos: Amém!

Animador: O Deus de misericórdia que nos consola em todas as nossas aflições, pelos méritos de seu Filho Jesus e a força do Santo Espírito esteja aqui entre de nós.

Todos: Bendito sejais Senhor, que nos dais a oportunidade de vos conhecer e encontrar pessoalmente convosco.

Animador: Invoquemos as luzes do Espírito Santo para nos guiar e abrir nosso coração para o encontro com Deus.

Todos: A nós descei, Divina Luz! A nós descei, Divina Luz! Em nossas almas acendei, o amor, o amor de Jesus! *(2x) (cantado)*

Animador: Queremos ver Jesus (Jo 12,21). Havia naquela ocasião alguns estrangeiros que, ouvindo falar da fama de Jesus, foram até onde Ele estava. Ao se aproximarem, vendo que estava cercado de gente, disseram a um de seus discípulos: "Queremos ver Jesus" (Jo 12,21). A beleza está justamente em que estes estrangeiros ao perceberem a dificuldade de chegar diretamente em Jesus, ou ao notarem que alguém ali no meio daquele grupo já havia feito uma experiência de intimidade com Ele, acorreram ao que dava testemunho e pediram: também nós queremos ver Jesus. Ver Jesus é muito mais do que enxergá-Lo com os olhos, significa adentrar em sua intimidade, se encontrar com Ele.

Leitor 1: Também nós queremos ver Jesus! Já fizemos a experiência de vê-Lo com nossos olhos, identificar seu rosto, ver sua face, mas queremos crescer ainda mais na intimidade com Ele, queremos encontrá-Lo de fato. Como os estrangeiros narrados na passagem do Evangelho de João, não estamos satisfeitos em simplesmente vê-Lo de longe, mas queremos intimidade, queremos sentar com Ele, falar-lhe, conviver com Ele. Ao chegarmos aqui, neste encontro, o desejo de nosso coração não é outro senão este: Queremos ver Jesus, queremos nos encontrar com Jesus.

Animador: Muitos foram os que nas narrativas bíblicas quiseram ver Jesus. Porém, alguns somente movidos por curiosidade, tendo em vista as curas e milagres que Ele fazia, outros em busca de favores, alguns em busca de seus ensinamentos, ainda alguns que o procuraram para desafiá-Lo e até na tentativa de matá-Lo. E nós hoje, qual a motivação que nos trouxe aqui? Viemos aqui para encontrar Jesus com qual objetivo? Estamos preparados para estar com o Divino Mestre? O que causou em minha vida desde a nossa experiência passada?

(Momento de partilha. Cada qual deve ser convidado a falar um pouco sobre estas perguntas e qual a sua experiência de fé a partir do encontro passado. Obs. O animador deve cuidar para não delongar demais ou fugir muito do assunto. As perguntas são essas. Dar oportunidade para que todos falem é didático e ajuda a própria pessoa a elaborar seus objetivos e conceitos de fé e da pessoa de Jesus).

2º Momento: Queremos ver Jesus

Animador: Cada um de nós teve a oportunidade de testemunhar um pouco sobre a graça de conhecer Jesus, saber quem Ele é, ter experimentado sua presença e visto seu rosto. Mas hoje, buscaremos estar com Ele de modo especial, crescer na intimidade e na amizade com o Divino Redentor. Ao chegarmos aqui hoje, com nosso coração cheio de expectativa, Ele nos coloca uma pergunta: A quem procurais? (Jo 18,4).

Leitor 2: Jesus fez esta pergunta aos soldados que o foram buscar enquanto rezava no monte. Era noite, a visão era pouca, e parece,segundo a narrativa, que aqueles homens não sabiam muito bem identificar Jesus entre seus discípulos, os soldados ainda não tinham visto o rosto de Jesus, não o contemplaram, não sabiam quem Ele era.

Leitor 3: Ler o relato de João 18, 1-8.

Animador: A quem procurais? Esta é a pergunta que Jesus nos faz hoje. A qual Jesus estamos nós procurando? Estamos atrás do Jesus das multidões, que realizava curas e milagres e concedia favores? Estamos correndo atrás de um Jesus milagreiro, curandeiro, que nos socorre em nossas dores e pronto? Buscamos um Jesus que, como um mágico, faz tudo o que pedimos e, depois, nos esquecemos dele? Ou estamos buscando uma experiência com Jesus, o Filho de Maria, Verbo de Deus, Emanuel, que caminha conosco em nossa história, nos liberta de todas as mazelas, mas, ao mesmo tempo, exige de nós mudança de vida e configuração à sua mensagem? E vós, a quem procurais?

Todos: Senhor Jesus, nós estamos aqui porque queremos fazer uma experiência real com o Senhor. Não buscamos um Jesus de ouvir falar, mas queremos vê-Lo tal como o Senhor é, tal como a sua Igreja O apresenta. Aqui estamos Senhor, venha nos encontrar, queremos estar com o Senhor neste dia.

Animador: Contemplemos o rosto de Jesus formado por nós em nosso primeiro encontro. Busquemos na memória o que vivemos e sentimos naquela primeira experiência com o Senhor. E agora, se você quiser e puder, abaixe sua cabeça, feche seus olhos e contemple o rosto de Jesus. Imagine agora Jesus chegando e se sentando no meio de nós, nesta cadeira que até agora estava vazia. Ele, o Divino Mestre, irá ocupá--la. Jesus está aqui, sinta sua presença, sinta seu cheiro, sinta sua respiração e o clima ao nosso redor que muda tudo quando chega Nosso Senhor.

Leitor 4: Imaginemos Jesus aqui, sentado nesta cadeira, ele veio para nos encontrar, Ele veio estar conosco. Esqueçamos agora quem está do nosso lado e falemos com Ele, rezemos em nosso coração e ouçamos esta canção, imaginando, vivendo, realizando, nosso encontro pessoal com Jesus.

(Tocar, ou cantar, a música do pe. Zezinho: "Quando a gente encontra Deus". Uma única pessoa deve cantar, em tom baixo, propiciando a oração. Todos devem ser motivados a fechar os olhos, abaixar a cabeça, e rezar, falar com Deus. É momento de oração).

Animador: Jesus ao encontrar os seus não perguntou nada, só amou! Seu amor foi traduzido em gestos concretos, em serviço, doação. Continuando esse momento de encontro com Jesus, vamos realizar um dos gestos mais marcantes da experiência dele com os seus. Ele, sabendo de sua morte, estabeleceu uma aliança eterna e lavou os pés dos que amava. Jesus está aqui e quer lavar nossos pés em sinal de purificação. Não importa como estava sua vida até agora, por onde você andou, os pecados que cometeu, as feridas que abriu. Ele está aqui para perdoá-lo e purificá-lo de toda sujeira que o impede de começar uma vida nova, purificado.

Leitor 5: A bacia está preparada. É Jesus quem lava os pés de cada um de nós e nos purifica de todo mal, nos liberta de todo pecado e nos cura de toda ferida. De dois a dois, cada um lavará o pé de seu colega mais próximo, em clima de oração, sinal da purificação e vida nova que o encontro pessoal com Jesus é capaz de nos proporcionar. Enquanto isso, em silêncio, vamos rezando e ouvindo mais uma vez a canção que fala sobre este nosso encontro com Deus.

(Tocar quantas vezes forem necessárias a música "Quando a gente encontra Deus". Em clima de silêncio e oração, de dois em dois, cada um lava o pé de quem está de lado e passa a bacia e a toalha adiante).

Animador: Neste gesto de lavar os pés uns dos outros, nós vivenciamos a atitude sublime de Cristo servidor. Ele se encontrou conosco e nos purificou. Esses nossos pés que, por ventura, podem ter sido usados para disseminar a fofoca, a raiva, o ódio, a malícia, esses pés que foram usados para levar notícias contrárias à boa mensagem do Evangelho, esses pés que, até então, andaram tão longe do caminho verdadeiro, agora são purificados nele e por Ele mesmo que é o próprio Caminho, a Verdade e a Vida (Jo 14,6).

Todos: Jesus, obrigado por estar conosco e se revelar a nós por meio desse gesto. O encontro com o Senhor é capaz de transformar nossa vida, mudar nossa história. Dê-nos sempre, e cada vez mais, a graça de crescer na intimidade com o Senhor e nos configurarmos ao Senhor como servidores e testemunhas de sua Boa Notícia.

Rezemos

Animador: O Senhor esteja conosco!

Todos: Ele está no meio de nós. Nós cremos que o Senhor está aqui e sentimos sua presença. Ainda que nossos olhos humanos não O vejam, sentimos pela fé e pela força do coração sua presença gloriosa aqui entre nós. Obrigado, Jesus, por estar aqui, obrigado pela possibilidade de encontrá-Lo, obrigado pelo seu amor por mim!

(Silêncio orante)

3° Momento: Um encontro que transforma – o amor!

Animador: Como tivemos a oportunidade de ler, rezar e estudar alguns dos principais encontros de Jesus, agora, assim como Ele realizou com aqueles homens e mulheres da Bíblia, também está fazendo conosco.

Leitor 8: Temos fé e confiança que Jesus continua o mesmo de sempre. Ele não mudou, continua a realizar todos os prodígios que fizera antes e ainda encontrando as pessoas e transformando suas vidas.

Animador: Vamos basear nosso encontro pessoal com Jesus a partir do relato do Evangelho de João 12,1-11. Ouçamos a leitura deste trecho.

Animador: Maria estava sedenta para estar na presença de Jesus. Encontrar-se com Jesus era tudo o que ela queria e desejava do fundo de seu coração. Ela não queria dizer nada, reclamar de nada, pedir nada, ela queria tão somente aproximar-se do Divino Mestre e amá-Lo. Assim também deve ser nosso desejo de encontrar Jesus.

Leitor 9: Jesus está aqui no meio de nós, na cadeira para Ele reservada. Ele também não nos perguntou nada. Jesus nos acolhe. Sintamo-nos acolhidos por Jesus. Desde que aqui chegamos, Ele não nos perguntou sobre nossos pecados, por onde andamos, se frequentamos outra religião, se já fizemos algo de mal para alguém, se já prejudicamos alguém, nada, nada! Desde que aqui entrou, Jesus só nos amou! Ele nos olha agora, nos resgata, nos ama! Ele nos abraça e nos diz palavras de acolhimento. Sintamos o abraço, sintamos a graça, sintamos

Jesus nos acolhendo como acolheu Maria. Não nos preocupemos com o que os outros vão pensar, agora é só nós e Jesus, ninguém mais!

Animador: Jesus nos acolhe. Ele o acolheu e me acolheu. Nos desperta para o nosso melhor. Assim como fez com Maria, ao deixar que ela manifestasse seu amor e seu desejo de segui-Lo até o fim. Hoje, Jesus entra em nossa casa como foi à casa de Zaqueu. Ele olha para você, não pergunta nada, mas lhe diz sobre a possibilidade de ser melhor. Ele não questiona o seu passado, mas abre muitas portas para o futuro. Ele lhe diz, levante-se, vá em paz!

Todos: Jesus, nós acolhemos as boas indicações que o Senhor nos concede. Obrigado por despertar em nós o melhor que existe dentro da gente mesmo, mas que, pelas circunstâncias da vida, tínhamos até esquecido do quão preciosos somos, do quanto somos importantes, do quanto somos especiais. Queremos ser pessoas melhores, acolhemos este despertar para o melhor de nós, queremos ser seus discípulos!

Leitor 10 :Jesus, nos acolhe, nos desperta para o melhor e nos convida ao seguimento. Será que estamos preparados para segui-Lo? Será que temos intimidade o suficiente para poder testemunhá-Lo de modo pleno e eficaz?

Animador: Jesus está aqui! Sentado na cadeira que para Ele reservamos, mas também presente em cada um de nós. Para selar definitivamente este nosso encontro e para que possamos dar os próximos passos neste itinerário de iniciação cristã e experiência de Deus, agora, mudando as duplas, nós vamos repetir o gesto de Maria. Vamos ungir os pés uns dos outros com óleo, no sentido de, após termos sido purificados, agora somos ungidos e selados neste encontro pessoal com Jesus. Mas, e por que os pés? Sim, os pés, no sentido da missão, do caminhar rumo ao encontro, de dar passos definitivos e decisivos na mudança de vida e na experiência real de Deus.

(Enquanto se unge o pé um do outro, em clima de silêncio e oração, ouve-se a música de Eliana Ribeiro, "Ela muito amou").

Animador: Agora sim, podemos dizer que aprofundamos nossa intimidade e experiência com Jesus. Sabemos quem Ele é, nós O encontramos pessoalmente e realizamos gestos concretos. E agora? Estamos prontos para segui-Lo por toda a vida?

Terminemos rezando a oração que Ele nos ensinou: Pai nosso... Ave Maria...Glória...

Nosso compromisso, esta semana, será buscar uma confissão individual e participar da Santa Missa aprofundando nossa experiência de Deus por meio dos sacramentos.

Ide e fazei vós o mesmo

Os onze discípulos caminharam para a Galileia, à montanha que Jesus lhes determinara. Ao vê-lo, prostraram-se diante dele. Alguns, porém, duvidaram. Jesus, aproximando-se deles, falou: "Todo poder me foi dado no céu e sobre a terra. Ide, portanto, e fazei que todas as nações se tornem discípulos, batizando-as em nome do Pai, do Filho e do Espírito Santo e ensinando-as a observar tudo quanto vos ordenei. E eis que eu estou convosco todos os dias, até a consumação dos séculos" (Mt 28,16-20).

Capítulo 3

Ide e fazei vós o mesmo

Quão belo caminho de fé e conhecimento de Jesus estamos fazendo! E quanto já crescemos nesse itinerário! Todo processo de namoro, de conquista e encantamento começa assim. Descobrimos quem Ele é, de onde veio, suas raízes, sua família, sabemos que é o Filho de Maria, da pequenina cidade de Nazaré. Descobrimos que, antes mesmo da encarnação Ele já era, o Verbo de Deus, consubstancial ao Pai. E, ainda, experimentamos sua presença ao saber que é o Emanuel, Deus conosco, que caminhou e caminha entre nós e se deu a conhecer plenamente. Enfim, nós descobrimos o rosto de Jesus, sabemos sua identidade.

No segundo passo tivemos a oportunidade de nos encontrar com Ele. Sim, encontrar verdadeiramente. Afinal, não existe relação verdadeira onde não há encontro. Vivemos um momento profundo de experiência de Deus. Descobrimos que Ele está no meio de nós, ainda hoje, agora, se dando a conhecer e deixando-se experimentar. Vivemos, profundamente, o encontro com Ele tendo por referência as narrativas bíblicas em que Ele se deixou encontrar. Como foi marcante vê-Lo chamando por nosso nome e falando a nós como quem fala a amigos! A sua pedagogia, sua forma de ser e agir nos tocou profundamente. Afinal, seu jeito de ser, não é outro, senão do encontro. Por fim, após esse belo caminho, como João em suas Cartas, podemos afirmar, nós vimos, ouvimos e tocamos Aquele que veio até nós.

Como não se maravilhar com esse itinerário? Como não ter a vida transformada a partir dessa experiência? Como não dizer que nós conhecemos e experimentamos Jesus? Sim! Foi um belo caminho e o coração bate mais forte só em relembrar e reviver cada passo e cada experiência vivida.

Foi assim também que aconteceu com os discípulos. Eles viveram uma experiência tão grandiosa com Jesus que não conseguiram guardar só para eles, se calarem; mas, cheios da graça de Deus, e convictos do poder transformador que o encontro com Jesus possui, saíram a anunciar ao mundo inteiro a graça que um dia receberam.

Nós sabemos quem Ele é, onde mora, onde encontrá-Lo, vivemos uma experiência profunda de encontro com Jesus. Agora, como em toda e qualquer relação, não podemos virar as costas e ir embora como se nada tivesse acontecido, como se essa experiência nada tivesse valido para nós. Uma relação, seja ela de amizade, de namoro, no casamento, enfim, toda e qualquer relação não pode se sustentar se não houver encontro, diálogo, partilha de vida e de experiências, se não houver cumplicidade.

A formação do discípulo missionário deve passar também por esta dinâmica do encontro. Existem muitas pessoas que dizem que já encontraram Jesus, que o conhecem, que já estiveram com Ele, mas, no entanto, não mudaram de vida, não transformaram sua existência, e à sua volta, e não conservaram a amizade. Nada adianta conhecê-Lo e experimentá-Lo se não conservar a amizade e o crescer na intimidade.

Entretanto, há pessoas que querem ser missionárias e divulgadoras da mensagem do Cristo sem antes terem passado pela formação discipular. Querem sair anunciando, pregando, falando, até testemunhando, mas sem terem feito, de fato, a experiência de encontro com o Mestre. Querem ensinar sem terem aprendido, querem doar sem antes terem recebido, querem anunciar sem terem ouvido, querem ser missionários sem antes terem sido discípulos.

Ide e fazei vós o mesmo

Aqui corremos um sério risco. Cada vez mais têm surgido pregadores dizendo falarem em nome de Jesus, pessoas que dizem tê-Lo encontrado e que agora são portadoras de sua mensagem e querem levar aos outros a mesma experiência. É claro que nos referimos a muitos pregadores de televisão e de outras "igrejas", mas, infelizmente, isso acontece dentro de nossa própria Igreja, em nossas comunidades e pastorais, gente disposta demais a ensinar, a falar, a pregar, a ser missionário, sem antes ter passado por um processo honesto e autêntico de discipulado.

O encontro pessoal com Jesus gera em nós o desejo profundo de crescer e continuar com Ele. É um encontro tão marcante que nos faz querer estar com Ele a vida toda, o tempo todo, a todo momento sem jamais deixá-Lo. Só quem encontrou com Jesus verdadeiramente sabe do que eu estou falando. No processo de formação do discípulo missionário, o primeiro chamado é para estar com o Divino Mestre, não basta um único encontro, uma única conversa, um único momento, mas é preciso crescer na amizade, na intimidade e no amor ao Senhor (cf. EG, n. 3;7).

O encontro com Jesus não está na ordem do "ficar", expressão dos jovens atualmente, ou seja, um momento descomprometido e sem criar laços. E nós, ao encontrá-Lo, queremos continuar com Ele ou vamos embora seguir nosso caminho sozinhos?

3.1 Ele nos chamou para estar com Ele

Como é bonito ver o despertar dos corações adolescentes para o amor. Jovenzinhos ainda imaturos e despreparados para certas questões da vida e da própria existência começam a sentir os efeitos do encanto e da sedução que a paixão costuma trazer. Dizem que o primeiro amor nunca se esquece. Aquele primeiro despertar, o encantamento, o olhar, a vergonha e o medo, os sentimentos. Ah, os sentimentos! Os jovens vivem verdadeiros amores platônicos, ao melhor molde Romeu e Julieta, famosa tragédia de Willian Shakespeare escrita em torno de 1591, que narra a experiência de dois jovens enamorados e o modo trágico e sofrido de viver a paixão.

Acompanhar o processo de maturação para a paixão e o amor nos jovens é algo muito interessante. Primeiro aquele amor avassalador, parece que não existe outra pessoa no mundo, só aquela serve, não há outras. O mundo gira em torno daquele "ser perfeito" por quem o coração bateu mais forte. Os ciúmes, as brigas, o desgaste e, enfim, o término. Quão sofrido e doloroso é para os jovens terminar um namoro, sobretudo para os primeiros. Aliás, não somente para os jovens, mas para todos que se aventuram na arte de amar, basta ver o quanto o estilo musical sertanejo faz cada vez mais sucesso ao cantar os encontros e desencontros próprios do amor. A "sofrência" nunca esteve tão em alta e a paixão tão em voga.

O amor parte do encontro e da experiência. Os corações jovens, enamorados, tão intensos e devotos de seus amores, são um exemplo atual daqueles que, nos tempos bíblicos, se encontraram com Jesus e, tão apaixonados e intensos, deixaram tudo para segui-Lo. Dizem os textos que deixaram tudo sem olhar para trás, sem titubear, sem pensar duas vezes. O amor, a paixão, o encontro com o Divino Redentor foi tão intenso que eles simplesmente trocaram tudo por este grande amor.

Jesus os chamou, encontrou-se com eles, deu-se a conhecer e os convidou para estar com Ele. Aqui está o ponto máximo do encontro com Jesus – Ele os chamou para estar com Ele. Diferente dos muitos relacionamentos da contemporaneidade, Jesus não só se encontra e se deixa encontrar com os seus, mas Ele mesmo toma a iniciativa do crescimento nesta relação ao convidar o sujeito do encontro para estar e permanecer com Ele. Não basta um único encontro, um único momento isolado e descomprometido com a vida e a realidade, mas a experiência com Deus deve gerar na pessoa este desejo verdadeiro e intenso de estar com Ele e caminhar junto por todas as estradas da vida.

Assim narra o Evangelho de Marcos:

> Depois subiu à montanha, e chamou a si os que ele queria e eles foram até ele. E constituiu os doze, para que ficassem com ele, para enviá-los a pregar, e terem autoridade para expulsar demônios (Mc 3,13-15).

O que Jesus realizara outrora, agora quer fazer o mesmo conosco. Veja a sequência dos principais verbos destacados: "chamou, queria, foram, ficassem, enviá-los". Jesus, primeiro, chamou os que quis para que fossem até Ele. Graça das graças ter o seu, o meu nome chamado por Jesus para que pudéssemos ir até Ele. Não é exatamente essa a experiência que fizemos aqui? Afinal, se ainda estamos lendo essas páginas, dedicando-nos a esses encontro se vivendo essa experiência, não seria porque nos chamou para estar com Ele? Eu não tenho dúvidas disso! (DAp, n. 244).

Diz o texto que Jesus os chamou para que fossem até Ele, mas não era somente para ir até lá, como alguém que se aproxima de outra pessoa, recebe um recado, uma mensagem e sai logo para retomar seu caminho. Com Jesus não é assim. Ele os chamou, eles foram, e qual o propósito? Responde o Evangelista no versículo 14: **"Para que ficassem com ele"**. Ou seja, não era uma passagem rápida, não era um momento único, mas era para ficar com Ele, partilhar da vida, do momento, do tempo e da companhia dele.

Num tempo em que o relógio parece correr cada vez mais rápido, num século em que temos sempre a impressão de estarmos ficando para trás, de estarmos desatualizados, perdidos, sempre atrasados, parece que esta proposta de Jesus é descabida e improvável. Aliás, se não estamos encontrando tempo nem para visitar os próprios parentes e amigos, senão temos tempo para uma conversa próxima, um momento de descontração, uma hora de lazer, impossível pensar na possibilidade de ficar com ele de modo duradouro.

Ora, há quem diga que tempo é questão de prioridade. No entanto, nesse processo de iniciação cristã e formação de discípulos missionários, o tempo é algo fundamental. É preciso gastar o tempo com que, e com quem, realmente interessa. Estar com o Mestre, ficar com Ele, comungar da vida e dos ensinamentos que tem para nos transmitir, enfim, ser com Ele. Não percamos de vista o quão privilegiados somos por estarmos vivendo esse momento singular

Ide e fazei vós o mesmo

de encontro com Deus. Ele nos chamou pelo nome, para estar com Ele. Ficar com Ele deve ser o grande desejo de nosso coração. Fazer ressoar em todos os aspectos de nossa vida essa experiência de fé e seguimento de Jesus Cristo. Estar com Ele todos os dias, todo tempo, comungando a vida como companheiros no caminho.

3.2 Ouvimos sua Palavra e comungamos de seu Pão

Só é possível conhecer alguém quando gastamos tempo para estar com esta pessoa. Afinal, todo processo de conhecimento requer tempo, abertura e revelação. Só adentramos a vida de alguém até onde esta pessoa permite. O conhecer vem através do falar e do ouvir, do partilhar e revelar, do dar-se e receber.

Vivemos numa sociedade do barulho. Estamos o tempo todo envolvidos em situações de barulho e provocamos barulho. O silêncio parece algo insuportável, incomoda e, segundo alguns, dá uma sensação de vazio. Chegamos em casa e, quando estamos sozinhos, logo ligamos o rádio ou a TV, mesmo sem o menor interesse no que está sendo transmitido e sem parar, de fato, para ver ou ouvir, mas, simplesmente, para produzir ruído, barulho. Algumas pessoas até conversam sozinhas, em voz alta, no desejo de produzir algum som e afastar o sentimento de suposta solidão. Isso tudo sem falar nos carros, sobretudo dos jovens que gostam de som automotivo e transformam seus veículos em verdadeiros trios elétricos; as buzinas, os sinais, os carros de propaganda, as músicas nas portas das lojas e os vendedores, as fábricas... É tanto barulho que nem dá para esgotar aqui.

O barulho não costuma fazer bem, estressa, cansa, irrita, agita. No meio do barulho, dificilmente é possível ouvir, conversar, conhecer. Quem de nós nunca foi a uma festa, a um barzinho, onde a música estava tão alta que impedia as pessoas de conversarem e desfrutarem da presença uma das outras? Pior ainda, quando isso acontece em nossas comunidades, igrejas e paróquias, quando a música está tão alta que impede a oração. Quando os cantores que deveriam ser facilitadores do canto, a fim de que todo o povo de Deus cante e reze nas celebrações, se tornam artistas e querem dar o seu show com instrumentos altíssimos, microfones beirando romper nossos tímpanos e vozes estridentes. Há momentos que saímos da igreja de cabeça cheia e cansada, não conseguimos ouvir, não tivemos a oportunidade de falar, não sentimos a presença!

É preciso silêncio para ouvir, é necessário diálogo para conhecer. Jesus não fazia discursos barulhentos ou provocativos a fim de chamar atenção daqueles que estavam ao seu redor. Ele falava na intimidade, de modo calmo e sereno. O processo de conhecimento é assim, é necessário que a pessoa se revele e isso ocorre, entre outros modos, por meio da fala. Se queremos conhecer Jesus e ter intimidade com Ele, precisamos parar para ouvi-Lo. Ele não vem por meio do barulho, no turbilhão, nos efeitos sonoros, mas ele vem calmamente, na brisa suave e mansa, no toque discreto e sereno; aí ele se revela e fala conosco.

Ide e fazei vós o mesmo

Já desde o Antigo Testamento a forma de Deus se revelar é na discrição, no silêncio e na quietude. Vejamos:

> E Deus disse: "Saí e fica na montanha diante de Iahweh". E eis que Iahweh passou. Um grande e impetuoso furacão fendia as montanhas e quebrava os rochedos diante de Iahweh, mas Iahweh não estava no furacão: e depois do furacão houve um terremoto, mas Iahweh não estava no terremoto: E depois do terremoto um fogo, mas Iahweh não estava no fogo: e depois do fogo, o ruído de uma brisa leve. Quando Elias o ouviu, cobriu o rosto com o manto, saiu e pôs-se à entrada da gruta (1Rs 19,11-13).

No silêncio e na solidão, um encontro com Deus! Solidão aqui não se refere a abandono, deixar para lá, esquecer. Pelo contrário, é a solidão do deixar cair as máscaras, as bagagens que pesam o caminho, o estar a sós com Deus. Silêncio para conseguir ouvir o outro, estabelecer diálogo. A conversa se faz pelo silêncio e pala fala: hora se fala, depois escuta. E para falar e escutar bem é preciso estar a sós com a pessoa que se quer, a fim de estabelecer um diálogo profícuo e crescer na relação. Sabemos quem é Jesus, mas queremos crescer na intimidade e no relacionamento com Ele. Por isso, não há outro modo, senão ouvindo sua palavra e buscando sua presença. Ouvir! Estar sempre atento à sua voz. Dedicar tempo e atenção na liturgia, na homilia proferida pelo sacerdote, buscar dedicar um tempo, diariamente, para a leitura da Bíblia, quem sabe o Evangelho do dia, fazer um exercício espiritual como a *Lectio Divina*, etc. Enfim, crescer na intimidade pressupõe ouvir, gastar tempo, estar atento à voz que se revela.

Não raro ouvimos alguém dizer que não consegue ouvir a voz de Deus e perceber sua vontade, que não entende os planos de Deus e não sabe o porquê reza, reza e reza, mas parece que Deus não responde. Ora, a pergunta é sempre a mesma, você já parou para ouvir? Prestar atenção na voz, nos sinais, nas manifestações? Deus fala, fala sempre! Nosso coração barulhento demais é que não tem paciência para escutar.

Atualmente, por questões de tempo, como falado anteriormente, ou por muitos tantos fatores, as pessoas não mais se visitam. Não tem tempo umas para outras ou para gastarem entre si. Vizinhos não se conhecem, alguns nem sabem os nomes, colegas de trabalho nem se cumprimentam, pessoas vivem vazias e distantes, não se permitindo conhecer por ninguém. No interior, e até em capitais, ainda é possível ver nos lugares de convivência, pessoas se encontrando para conversar, estarem juntas. E, mais bonito ainda, quando a intimidade já está em certo grau que ultrapassa o limite da formalidade, até se convida, e é convidado, para conhecer a casa, o lugar da moradia, da intimidade daquele que se está conhecendo.

A casa é o lugar da intimidade por excelência. Só convidamos para ir à nossa casa quem é muito próximo de nós. Estranhos não têm vez, são recebidos na porta, muitas vezes sem mesmo abrir o portão. Os interfones com câmeras ajudam a escolher quem será atendido e quem não. A casa é, pois, o lugar da intimidade revelada. Em casa cada um é o que é, sem máscaras, sem fingimento, sem falsidade. Em casa se é, e pronto. O Evangelho de João narra o desejo de alguns homens que, ao verem Jesus, sentiram um desejo tão forte de seguimento e intimidade que perguntaram ao Mestre: "Onde moras? "E Jesus, revelando-se e deixando-se conhecer, respondeu: "Vinde e vede". Aqui se estabelece o grande sinal de intimidade extrema. Ir à casa, ouvir, partilhar,

Ide e fazei vós o mesmo

conversar. Em casa, em torno da mesa, tomando um café, as melhores conversas, as maiores revelações, os sinais de intimidade surgem e despertam para o conhecer, amar e seguir.

Nós ouvimos sua Palavra e comungamos de seu Pão. Sim, este deve ser o sentimento que todos nós que estamos nessa vivência de iniciação à vida em Cristo devemos ter. Passo por passo, degrau por degrau, desde o saber quem Ele é, e descobrir seu rosto, até adentrar sua casa para ouvi-lo e comer de seu pão. Assim é a pedagogia de Jesus, Ele encontra e chama para a intimidade.

É possível verificar em vários relatos na Palavra de Deus, quando Jesus ensinava aos seus, pregava-lhes a Boa Notícia e, após lhes dava o seu pão. Nestes gestos se manifestam os sinais de Deus. Ele se revela e se dá a nós e faz a cada um o mesmo convite: se revelar, se permitir conhecer, confiar e entregar-se completamente e plenamente nas mãos do Divino Redentor.

A intimidade com Jesus cresce todo dia e em todo lugar. No entanto, de modo especial, aprofundamos esse amor e essa presença quando ouvimos sua Palavra e comemos de seu Pão. Mas onde isso acontece de modo pleno? Na Santa Missa. Sim, quando vamos à Igreja, casa de Deus, ali somos convidados a entrar na intimidade. Lá nos sentamos em torno da mesa, duas aliás, da Palavra e da Eucaristia. Nosso momento de encontro e intimidade com Jesus começa por meio de sua Palavra. Como bons amigos nos sentamos, ouvimos o que Ele tem a nos dizer, saboreamos sua mensagem, olhamos em seus olhos e sentimos sua presença forte. Ele fala, nós escutamos atentamente. Depois, nós falamos e respondemos sua mensagem. Dá-se o diálogo. Por fim, Ele nos dá o seu Pão, em torno de sua mesa, em sua casa, comungamos seu Pão, e, aqui, faz-se a intimidade plena e total, Ele mesmo, verdadeiro Deus e verdadeiro homem, vem morar em nosso coração. Se faz um conosco, se revela, se dá, mais uma vez, totalmente. Aqui ocorre o profundo encontro com Ele e podemos afirmar: ouvimos sua Palavra e comemos seu Pão.

3.3 Vimos a sua glória

Os magos quando foram até Herodes, para saber sobre o menino que havia nascido, disseram a ele que conseguiram chegar até ali, porque viram uma forte estrela brilhar e, por meio dela, se guiaram (Mt 2,1-4). Na estrela, eles viram a glória de Deus. O Verbo de Deus, ao se encarnar no seio da Virgem Maria, despojou-se de sua majestade e assumiu, plenamente, a natureza humana. Sendo Deus e Homem, assumiu a nossa carne a fim de remir o gênero humano em sua totalidade. Mesmo sendo inteiramente homem não deixou de ser Deus, e, por diversas vezes, manifestou a sua glória.

Jesus não saía por aí fazendo shows ou realizando milagres, no intuito de angariar fundos ou atrair seguidores. Ele não era um *showman*, um artista de auditório, alguém interessado em fazer proezas para chamar atenção e aumentar o número de aplausos e seu fã-clube. Pelo contrário, as manifestações milagrosas de Jesus têm o intuito único e certo de converter, de convidar à mudança de vida, a transformação da realidade, a salvação. Por isso, e de tantos modos, Jesus muito mais ensinava, convivia e se revelava que, necessariamente, realizava milagres e prodígios e, sempre que os fazia, havia uma intenção, um objetivo claro a ser atingido.

Ide e fazei vós o mesmo

A razão primeira e maior de Jesus era revelar Deus. Na plenitude dos tempos, após séculos e séculos de história, Ele desceu dos céus e veio, pessoalmente, visitar seu povo, se revelar plenamente e salvar, de uma vez por todas, seu povo e sua história. Por isso, toda a glória de Jesus está em vista da revelação e da salvação.

Jesus só revelou sua glória aos mais íntimos. Alguns poucos, escolhidos entre os escolhidos, foi a quem Ele se deu a conhecer gloriosamente. Basta prestarmos atenção à narrativa do evangelista Mateus,quando narra a transfiguração de Jesus. Somente três dos discípulos foram convidados para tal momento e mesmo assim, conforme o texto, ficaram tão assustados que caíram com o rosto em terra. Vejamos os versículos que falam da manifestação da glória de Jesus:

> Seis dias depois tomou Pedro, Tiago e seu irmão João, e os levou para um lugar à parte sobre uma alta montanha. E ali foi transfigurado diante deles. Seu rosto resplandeceu como o sol e suas vestes tornaram-se alvas como a luz. E eis que lhes apareceram Moisés e Elias conversando com ele (Mt 17, 1-3).

Assim Jesus se revela glorioso diante de três de seus discípulos, somente aqueles a quem Ele escolheu para este momento de grandiosa intimidade.

Ver a glória de Deus significa vê-Lo tal como Ele é, ou tal como nossa natureza humana consegue percebê--Lo. Ele, criador de todas as coisas, ultrapassa o limite de nossa racionalidade, quebra os grilhões de nossa lógica e adentra espaços, meios e formas que pareciam impossíveis de se realizar.

Vemos a glória de Deus por meio de Jesus, em Jesus. Perceba que Jesus revelou a sua glória somente aos escolhidos, nem todos tiveram este privilégio. No entanto, é preciso entender que não se trata de uma escolha pessoal e subjetiva, mas Jesus revelou sua glória àqueles que mais lhe abriram o coração.

Deus é assim. Ele age, se manifesta, se revela, mas respeita a nossa liberdade, nosso desejo, nossa abertura de coração. Ele só vai até onde permitirmos, não ultrapassa barreiras, limites, não obriga a absolutamente nada. Aliás, ao nos criar, e talvez o maior presente que Ele tenha nos concedido, deu-nos o chamado livre-arbítrio, ou seja, nossa capacidade de escolha total e independente, chegando ao ponto de poder renunciar a Ele próprio.

Ao vivermos este itinerário de iniciação cristã, com o objetivo de nos tornarmos bons discípulos missionários, precisamos fazer um auto exame de consciência e perceber o grau de abertura que temos dado ao Divino Mestre. Até onde temos deixado Jesus entrar? Estamos abertos verdadeiramente à intimidade com Ele e queremos partilhar a vida e nosso caminhar? Estamos dispostos à comunhão de vida com Jesus? Precisamos nos analisar bem, refletir bem, para não corrermos o risco de agirmos como o jovem do Evangelho, que alguns costumam chamar de "jovem rico". Aquele jovem se aproximou de Jesus, quis conhecê-Lo, buscou seu rosto, saber quem era. Cheio de entusiasmo sentiu sua presença, experimentou sua pedagogia, foi acolhido, amado, viu e ouviu a palavra. Impactado por tal experiência, perguntou a Jesus: "Mestre, que farei de bom para ter a vida eterna?" (Mt 19,16). Aquela pergunta denotou o desejo de estar com Jesus, crescer em intimidade, seguir com Ele. O jovem desejou viver com

Ide e fazei vós o mesmo

o Mestre e comungar sua vida com a dele. Jesus lhe ensinou os mandamentos. Falou da palavra de Deus, dos ensinamentos dos profetas e da vida em Deus. O jovem, religioso que era, feliz, imediatamente afirmou: "Tudo isso tenho guardado. Que me falta ainda"? (Mt 19,20). Aí vem o grande desafio! Jesus lhe afirma: "Se queres ser perfeito, vai, vende o que possuis e dá aos pobres, e terás um tesouro nos céus. Depois, vem e segue-me" (Mt 19,21). Oh que belo chamado! Quantos desejaram este chamado. Ir para a casa do Mestre, viver em sua intimidade, estar com Ele para sempre, ser um com Ele. No entanto, parece que aquelas palavras de Jesus não encontram lugar no coração daquele jovem. Seu desejo de seguimento se esmoreceu, ele recuou, voltou atrás, apagou a chama, não contemplou a glória de Deus.

Assim diz o texto: "O moço ouvindo essa palavra, saiu pesaroso, pois era possuidor de muitos bens" (Mt 19,22). Não vamos aqui pensar imediatamente em bens financeiros como muitos gostam de fazer. O texto bíblico vai muito além disso e traz uma realidade muito mais complexa. O jovem não foi capaz de desapegar-se. Do quê? Talvez de suas riquezas, do lugar onde estava seu coração. Jesus, outrora já havia dito que "onde está o seu tesouro, aí está também o seu coração" (Mt 6, 21). O coração daquele jovem estava em outras coisas que não em Jesus. Mas, como ele sentiu tanto entusiasmo? Por que então foi até Jesus? E tudo que ele sentiu, viveu, ao ver o rosto de Jesus, ao ser acolhido por Ele, ao sentir sua presença, ouvir sua palavra e comer de seu pão? Teria sido tudo mentira, ilusão, falsidade?

Ora, claro que não! A experiência foi real, verdadeira, mas o jovem não quis prosseguir na intimidade, no relacionamento.

Ele preferiu, escolheu os outros tesouros ao invés de Jesus. Ele quis continuar seguindo Jesus, mas de longe, sem muita intimidade, sem muita doação, sem comunhão de vida.

"Se creres verás a glória de Deus" (Jo 11,40). Meus caros, a afirmação é exatamente essa. Se quiseres, se dispuseres, poderás ver e contemplar a glória de Deus. Afinal, qual será a nossa atitude ao terminar este caminho de iniciação e experiência de Deus? Faremos como o jovem rico? Iremos virar as costas para Jesus e dizer: obrigado, foi bom conhecê-Lo melhor, mas não quero muita intimidade, não tenho tempo para isso!? Ou pelo contrário, iremos buscá-Lo cada dia mais, ir em sua casa, comungar de seu Pão, crescer na amizade e comunhão de vida e transmiti-Lo aos outros pelo nosso testemunho como autênticos discípulos missionários?

Moisés ao descer do monte, após ter falado com Deus, não sabia que seu rosto brilhava. Sim, o rosto de Moisés resplandecia a glória de Deus, basta verificar em Ex. 34,29-35, a narrativa da face de Moisés que brilhava como a glória de Deus. Nesse processo que vivemos, abrimos a oportunidade de tocar em Deus, falar com Ele, experimentar sua intimidade, ver sua glória. Como João, em sua primeira Carta, podemos afirmar: nós vimos, ouvimos, tocamos e experimentamos. Nós vimos Jesus! E agora, qual a nossa resposta? Diante da proposta de seguimento, qual a nossa decisão?

Que possamos como Moisés, pelas estradas de nossa vida, ao longo de nossa caminhada, crescer tanto na intimidade com Deus, que nosso rosto brilhe, transpareça a glória de Deus, e que nosso testemunho seja efetivo como fiéis seguidores de Jesus Cristo.

Encontro Celebrativo

E saíram a anunciar

Nós vimos, ouvimos, experimentamos e
agora vos anunciamos.

"Encontramos o Messias. E ele, o conduziu até Jesus" (Jo 1,41)

Preparação para o encontro

- Providenciar pequenos crucifixos, ou cruzes, um para cada participante.
- Trazer ao espaço do encontro todos os elementos usados nos outros: o rosto de Jesus, o óleo, a cadeira vazia, etc. Assim os participantes perceberão o caminho realizado.
- Colocar em destaque um crucifixo, de preferência de tamanho grande.
- Providenciar aparelho de som e as músicas: "Eu vi o Senhor" de Ricardo Sá (Álbum: Ou Santos ou Nada. Canção Nova, 2013, faixa 10). Ou caso seja possível, alguém que toque e cante para ajudar neste momento de oração.

Preparação do ambiente do encontro

- Flores; Bíblia; Velas.
- Cuidar para que o ambiente esteja agradável, limpo e silencioso, propício à oração.
- Pode-se colocar uma música de fundo no momento da acolhida dos participantes.
- Colocar os pequenos crucifixos em certo destaque durante o encontro.

1° Momento: Acolhida

Animador: Paz e Bem! Sejam bem-vindos! Estamos em via de concluir esse belo caminho que trilhamos, de iniciação cristã, no desejo de nos tornarmos legítimos discípulos missionários de Jesus Cristo. Nós o conhecemos, identificamos seu rosto, o encontramos por meio de uma profunda experiência. Agora, somos convidados a anunciar as maravilhas que Ele fez em nossa vida. Como todo discípulo, nos dedicamos a conhecer e ter intimidade com o Mestre, mas, é chegada a hora de ir, partir em missão e proclamar a Boa Notícia que transformou nossa existência. Assim nos diz o documento de número 107 da CNBB, n. 155:

Todos: "No centro do processo formativo, celebrativo e missionário da Igreja, está essencialmente uma pessoa: "Jesus de Nazaré, Filho único do Pai". Por isso, de cada discípulo, na comunidade cristã, deve nascer o testemunho de uma experiência capaz de contagiar outros: "O que vimos e ouvimos, o que as nossas mãos tocaram da Palavra da Vida (...) isso nós vos anunciamos" (1Jo 1,1)".

Animador: A cruz é o sinal do cristão. Iniciemos, pois, nosso encontro traçando o sinal da cruz e invocando a Santíssima Trindade. Em nome do Pai...

Todos: Amém!

Animador: O Deus da esperança que nos cumula de todo bem, pelos méritos de seu filho Jesus Cristo, na força do Espírito Santo que se revela a nós e nos envia à missão, esteja aqui em nosso meio.

Todos: Nós vimos, ouvimos e podemos testemunhar. Cremos em Ti, oh Senhor.

Animador: Invoquemos as luzes do Espírito Santo para nos guiar e abrir nosso coração para essa experiência de Deus.

Todos: Vem, vem, vem Espírito Santo. Transforma a minha vida, quero renascer! *(2x) (cantado)*

Animador: Nós encontramos o Messias! (Jo 1,41). Gostamos de dar boas notícias aos outros. Quando realizamos um sonho, conseguimos concluir um projeto, quando compramos algo que queríamos há muito tempo, quando nos visita alguém que amamos, enfim, saímos logo a anunciar as boas coisas que nos aconteceram. Hoje, nas redes sociais, basta observar o quanto se anuncia, cada qual o que acha importante e o que lhe faz bem. Anunciar! Esse é o verbo referencial para aqueles que querem dizer o quanto foi bom, importante, algum acontecimento de sua existência. Anunciar não é simplesmente contar de modo passivo, mas acima de tudo, transmitir a experiência e fazer com que a pessoa que ouve sinta, ainda que um pouco, a emoção e a intensidade do momento vivido por quem está narrando.

Leitor 1: Anunciar! Foi exatamente isso que Jesus pediu aos seus discípulos quando findou sua missão nessa terra. A experiência de Deus que eles viveram foi tão profunda, tão intensa, que não foi possível calar. Mas, pelo contrário, eles saíram ao mundo inteiro anunciando, narrando as maravilhas que Deus havia realizado em Jesus de Nazaré e, das quais, eles eram testemunhas.

Animador: A diferença entre ser testemunha e ser um mero narrador, retransmissor, de uma notícia está exatamente aqui. O narrador, retransmissor, fala a partir da experiência de outros. Eles ouviram alguém dizer, entenderam a mensagem e saíram a retransmiti-la. Mas, veja bem, ele mesmo não viu, não viveu, não sentiu e não experimentou pessoalmente. Ele, simplesmente, transmite a vivência de outra pessoa. Mas com a testemunha é diferente. Esse, pelo contrário, viveu ele próprio o fato transmitido. Ele não é narrador, mas é o interlocutor vital, aquele que viu, ouviu e experimentou fatidicamente o acontecimento. Após esse caminho de iniciação cristã que vivemos, tendo lido essas páginas, realizados os encontros, feito a experiência do encontro com Deus por meio dos Sacramentos e da vivência comunitária, o que nós podemos dizer: podemos afirmar que nos tornamos discípulos de Jesus? Somos suas testemunhas, alguém que se encontrou com Ele pessoalmente, viveu uma experiência de intimidade tal, que revolucionou a vida? Ou somos narradores, retransmissores das experiências de outros, pois, nós mesmos, ainda não estivemos cara a cara com o Divino Mestre?

(Momento de partilha. Cada qual é convidado a falar um pouco sobre essas perguntas e como se sente ao chegar ao final desse nosso itinerário. Qual experiência de fé foi despertada? Vivemos Jesus, foi possível encontrá-Lo de fato? O que muda na vida após esse caminho? Obs. O animador deve cuidar para não delongar demais ou fugir muito do assunto. As perguntas são essas. Dar oportunidade para que todos falem é didático e ajuda a própria pessoa a elaborar seus objetivos e conceitos de fé e da pessoa de Jesus).

2º Momento: Eles foram e viram onde ele morava e permaneceram com ele

Animador: A casa é o lugar de nossa intimidade. Como falamos em outro momento, só convidamos para ir em nossa casa quem tem profunda intimidade conosco. Nossa casa é o lugar de nossa segurança, nosso abrigo, lugar de repouso e de revelação plena. Em casa, cada um é o que é, sem máscaras ou fingimentos. Diz o texto do Evangelho de João 1,39, os discípulos de João foram atrás de Jesus e perguntaram: "Mestre, onde moras? " (Jo 1,38). E Jesus lhes convidou para irem com Ele à sua casa. Eles foram e lá permaneceram.

Leitor 2: Jesus os convidou para irem à sua casa. Que belo convite esse de partilhar da vida, da mesa, da intimidade, do Divino Redentor! Aqueles discípulos tiveram a oportunidade de experimentar profundamente a presença de Jesus e de estarem com Ele em plena comunhão e intimidade.

Leitor 3: Vamos ler toda a narrativa e ver a dinâmica daquele convite em João 1,35-51.

Animador: Encontramos o Messias! Essa é a frase chave que se destaca nesse trecho do Evangelho de João. Nós encontramos o Senhor! André, irmão de Simão, corre e anuncia a ele que encontrou o Mestre. Filipe, por sua vez, testemunha a Natanael que viveu uma experiência com aquele de quem Moisés e os grandes profetas falaram. Eles viram, ouviram, tocaram e testemunharam Jesus. O encontro desses homens com Jesus foi tão profundo que eles não conseguiram se calar, eles saíram correndo e foram testemunhar a presença de Deus e o que esse encontro fatídico realizou na vida de cada um. E nós? Podemos dizer que fizemos o mesmo? Nesse itinerário, sentimos que conhecemos Jesus, nos encontramos com Ele e fomos à sua casa?

Todos: Senhor Jesus nós cremos em sua presença e confiamos que se revelou a nós de modo muito especial e singular ao longo desse itinerário. Sentimos que nos aprofundamos em seu conhecimento, que fomos à sua casa assim como André, e que agora, podemos afirmar que O conhecemos na profunda intimidade.

Animador: Contemplemos o rosto de Jesus formado por nós, mais uma vez. Busquemos em nossa memória o dia que vivemos o encontro com Ele. De tantos modos e formas Nosso Senhor vem falar conosco e nos visitar. Vamos nos lembrar, especialmente, dos momentos que vivemos aqui, ao longo desse caminho de iniciação, cada gesto, palavra, tudo o que foi marcante para nós. Tente, cada um, se lembrar do conteúdo desse livro, tudo o que leu em suas páginas, o que lhe chamou mais atenção. Tudo isso é encontro com Deus, é diálogo do Senhor em nossa vida. Faça memória, reviva os bons sentimentos. Encontre-se com Deus mais uma vez.

Leitor 4: Se quisermos, fechemos nossos olhos ou inclinemos a cabeça, rezemos em nosso coração, buscando essas boas memórias. Esqueçamos por um minuto quem está ao nosso lado e façamos desse momento uma oportunidade de encontro com Jesus.

(Tocar, ou cantar, a música do Ricardo Sá e Eugênio Jorge (Canção Nova): "Eu vi o Senhor". Uma única pessoa deve cantar, em tom baixo, propiciando a oração. Todos devem ser motivados a fechar os olhos, abaixar a cabeça, e rezar, falar com Deus. É momento de oração.).

Animador: Quando a gente encontra Deus, a vida fala por si mesma. É uma experiência tão grandiosa e profunda que, mesmo sem perceber, já estamos falando e transmitindo o

Divino Mestre! Nossa vida muda, nossas atitudes se transformam, o jeito de ver as situações e realidades é modificado. A vida mergulhada em Deus é muito diferente da anterior. Vive-se com Ele e na expectativa de crescer sempre e cada vez mais na intimidade. E essa profunda comunhão de vida gera anúncio, testemunho, transmissão. Como André, Filipe e os outros, é hora de sair pelo mundo afora transmitindo, anunciando, testemunhando a graça que recebemos e vivemos aqui.

Leitor 5: Jesus está aqui no meio de nós. Seu sinal é a cruz. Para a cristandade a cruz não é sinal de morte, sofrimento e padecimento. Pelo contrário, ela é sinal de salvação. Toda Igreja tem uma cruz, na casa dos cristãos é possível ver a cruz, muitos a portam no peito, no bolso, na bolsa ou carteira. A cruz é este símbolo máximo de nossa fé, pois nela Jesus nos conquistou vida nova e nos remiu de nossas culpas. Os missionários quando partiam para outras terras, logo quando chegavam, a primeira coisa que faziam era fincar uma cruz no novo território e celebrar a Santa Missa. Assim eles marcavam aquelas terras como sendo de Deus, território de Cristo.

Animador: Hoje iremos receber uma cruz como sinal de salvação, encontro com Deus e de envio. Terminados nossos encontros e convictos de que encontramos o Senhor, agora é hora de sairmos para anunciar. Somos testemunhas do Divino Mestre, nós O encontramos e queremos plantar a cruz em todo canto, em todo lugar, marcando cada vida, pessoa, realidade, como pertencente a Jesus Cristo.

(O animador convida cada participante a pegar uma cruz e entregar a seu irmão num gesto de envio e, ao mesmo tempo, de reconhecimento da experiência de iniciação cristã aqui vivida. Enquanto isso, pode-se cantar alguma música apropriada).

Todos: Jesus nós te amamos e vamos te testemunhar pela vida afora, em todos os lugares e realidades possíveis, fazendo-o conhecido e amado por muitos outros.

Rezemos

Animador: Com a cruz nas mãos, vamos rezar este mistério de salvação e encontro com o Senhor. Em silêncio, façamos um momento de oração pessoal.

(Pode-se motivar a contemplar a cruz. Cada um em seu lugar. Se possível, enquanto se reza em silêncio, ouvir uma música instrumental, ao fundo, ou "Eu vi o Senhor").

(Silêncio orante)

> ### 3° Momento: E saíram a anunciar!

Animador: Conforme lemos no Evangelho de João, após passarem um dia na casa de Jesus, os discípulos, ao saírem de lá, imediatamente, anunciaram o encontro com o Senhor. André foi correndo contar a seu irmão Simão. Filipe foi imediatamente ao encontro de Natanael. O encontro com o Senhor lhes foi tão impactante que eles saíram de imediato a proclamar as maravilhas de Deus.

Leitor 8: Neste mundo tão sofrido, pessoas doentes, sofrendo, abandonadas, quanta depressão, algumas tirando suas próprias vidas, outras sem esperança! Quantos jovens sem rumo e perdidos existencialmente, quanta dor, sofrimento e desesperança! Quantas pessoas em busca de uma solução, de alívio para suas dores, de uma resposta às suas indagações, de uma esperança que as socorra! E é justamente neste mundo, que buscam respostas e soluções, perdidos em seus próprios caminhos, que nós, que vivemos esta experiência, podemos dizer: "Ei, você que sofre, que está perdido, sem rumo, eu tenho a resposta e a solução para as adversidades de sua vida, eu sei a solução de seus problemas, eu encontrei Aquele que tudo pode e lhe devolverá a esperança, transformando sua existência. Eu O vi, estive em sua casa, eu sei quem Ele é: Jesus de Nazaré".

Todos: Senhor Jesus, como André, Filipe e os outros apóstolos, também queremos anunciá-Lo. Nós vimos a sua glória, contemplamos o seu rosto e não conseguiremos nos calar!

Animador: Ver, ouvir, tocar, ficar com Ele! Essas são as palavras que nortearam toda nossa vivência. Vimos um Deus vivo e verdadeiro que se comunicou conosco. Tivemos a oportunidade de ouvir sua voz, prestar atenção em suas palavras, escutar sua mensagem. Fomos à sua casa, ficamos com Ele, comemos de seu Pão. E, agora, queremos testemunhá-Lo. Não somos retransmissores, mas testemunhas, cremos e anunciamos: Nós vimos Jesus!

Leitor 9: Nós vimos e acreditamos. Ele está aqui no meio de nós. Não iremos sair daqui do mesmo jeito que chegamos, nossa vida não será mais a mesma a partir dessa experiência que vivemos. Agora, somos discípulos missionários de Jesus, seus seguidores e suas testemunhas.

Animador: Mas não podemos nos esquecer de que testemunha é só quem viu de fato. Testemunhar é afirmar por meio de palavras e atos a experiência que foi vivida. Quem diz que viu, ouviu, experimentou, mas não mudou nada, não mudou de atitude, de jeito de ser, do modo como vê a vida e a realidade, quem não assumiu nova postura e atitude, é porque, infelizmente, não encontrou de fato, só simulou, fantasiou. Pode até ter passado perto, esbarrado, visto algo, mas, o encontro pleno, na intimidade, de fato, se não houve mudança de vida e de atitudes, é porque não aconteceu.

Todos: Mas nós vimos Jesus! Experimentamos de tal modo sua presença que sairemos daqui pelo mundo inteiro a cantar seus louvores e testemunhar com nossa própria vida. Nós vimos o Senhor!

Animador: Então é hora de partir, ir testemunhar. Quantos ainda não conhecem Jesus como nós tivemos a oportunidade de conhecer. Vamos! Adiante! Coragem! Vamos testemunhar o que vimos, ouvimos, tocamos e experimentamos, para que cada vez mais pessoas, a partir de nosso testemunho, desejem se aproximar do Divino Mestre e iniciarem seu caminho para tornarem-se discípulos missionários. Terminemos com a oração do Senhor: Pai nosso... Ave Maria... Glória ao Pai... *(Pode-se cantar uma música de envio).*

(O caminho não acaba aqui, mas é para a vida toda! Motivar as pessoas a continuarem na participação dos Sacramentos e da vida em comunidade. Quem sabe, indicar algum grupo de trabalho e ação pastoral para uma experiência. Enfim, não deixar acabar aqui, mas levar essa experiência vivida a muitas outras pessoas a partir desse itinerário).

CONCLUSÃO

O que ouvimos, o que vimos com nossos olhos, o que contemplamos, o que nossas mãos apalparam, nós vimos e damos testemunho (cf. 1 Jo 1,1-2).

Eu vi o Senhor! É com esse sentimento que nos unimos ao final desse caminho de iniciação à vida cristã. Veja bem, "final da iniciação". Não significa que o caminho tenha terminado aqui, mas ele se estenderá por toda vida. Mas, por hora, em termos de iniciação, chegamos a seu termo.

Terminamos certos e convictos de que vimos Jesus. Basta fazer memória de tudo o que vivemos ao longo da leitura dessas páginas e nos encontros celebrativos, o quanto foi bom, profícuo e verdadeiro. Vivemos realmente uma experiência profunda de Deus que mudou nossa vida!

O Jesus que, até então, conhecíamos só por meio dos outros ou de ouvir falar, agora faz parte de nossa história, somos suas testemunhas, sabemos quem Ele é, nós O conhecemos pessoalmente. Essa é a beleza dessa experiência! Se antes só tínhamos ouvido falar do Cristo, agora, certamente, sabemos quem Ele é. Nós vimos o seu rosto, olhamos em seus olhos.

Deixamos para trás outras imagens que tínhamos de Jesus. Afinal, ao longo da vida, tanto já se tinha ouvido falar dele, mas a experiência ainda não havia acontecido. Agora temos a certeza de que Ele está vivo, ressuscitado, que o mistério de sua paixão, morte e ressurreição toca diretamente em nós. Foi por mim, por você, por todos, que Ele morreu e ressuscitou, para nos conquistar a salvação e o consolo que tanto pedimos e clamamos.

Embora a nossa fé não seja intimista e individualista, precisamos saber e viver a experiência de fé de modo único e pessoal. O Cristo que passa chama pelo nome, Ele olha no olho e convida ao seguimento e, só depois, integra a comunidade de fé. Muitos de nós, certamente batizados quando crianças e membros da Igreja, participantes da Missa, especialmente a dominical, frequentadores da catequese e ouvintes da mensagem de Jesus, talvez, até então, não havíamos vivido a experiência de Deus concretamente.

Não basta falar, o conteúdo é insuficiente, a mensagem é vazia, se não toca a vida concreta de cada pessoa. De que adianta belos ensinamentos, discursos emocionados, celebrações pomposas, se não tocarem a existência de cada ser e fizerem-no participante do mistério?

É justamente essa graça que recebemos por meio dessa vivência. Vivemos, experimentamos, sentimos e tocamos a pessoa de Jesus Cristo. Saímos do lugar comum, da multidão, onde a maioria das pessoas estão e preferem ficar. Afinal, na multidão, na grande massa, ninguém é pessoa, todos são iguais, todos sem rosto e sem identidade! Ao caminharmos nesse itinerário de iniciação cristã, todos saímos da multidão e nos tornamos únicos para Jesus. Estabelecemos um relacionamento pessoal, íntimo e concreto, com o Divino Redentor.

Na dinâmica do seguimento, tendo por parâmetro os Evangelhos, fizemos o caminho perfeito do discipulado. Primeiro conhecemos o Mestre, fomos à sua casa, partilhamos de sua Palavra e de seu Pão. Crescemos no relacionamento. Vivemos a verdadeira experiência do encontro com Jesus, assim como Zaqueu, a Samaritana, o chamado "Jovem rico", André, Filipe e Natanael e tantos outros. Tal encontro nos marcou tanto que nos impulsionou a uma vida nova, um novo jeito de ser e de viver.

O Cristo das páginas do Evangelho tornou-se concreto em nossa história. Isso mesmo, aquele que antes era só um personagem, alguém famoso, um nome que se invocava na hora da aflição, um "deus" que era objeto muito mais de superstição que de fé, agora sim, após essa vivência, ocupa o lugar que deve, como professado pela fé da Igreja e a Tradição guardada pelos apóstolos. Agora sim, eu sei e posso afirmar: Eu me encontrei com o Senhor!

Nesse processo fomos formados e nos tornamos verdadeiros discípulos missionários. Como bons discípulos conhecemos o Mestre, encontramo-nos com Ele e participamos de sua intimidade. Ouvimos sua Palavra e comungamos de seu Pão. Sabemos quem Ele é e qual a sua pedagogia de salvação.

Agora, pois, podemos assumir nossa identidade de missionários. A experiência que aqui vivemos, o Cristo que aqui encontramos, devemos testemunhar em todos os lugares. Tantos são os cristãos que conhecem Jesus só pelo nome. Chegou nossa vez de anunciá-Lo, fazer com que Ele, assim como nós O vimos e tocamos, também chegue à vida das pessoas. Não mais um personagem, uma pessoa distante e alheia a realidade presente, mas um Deus vivo e ressuscitado, presente e caminhante na história de sua gente. Depende só de sermos testemunhas daquilo que aqui vivemos e da experiência de fé que tivemos.

Vamos adiante anunciar Jesus. Que nossa vida cotidiana seja nossa maior pregação de modo que, em meio aos trabalhos e atividades desse mundo, sejamos identificados como autênticos discípulos missionários de Jesus Cristo. "Eu vi o Senhor!"

REFERÊNCIAS

Bíblia de Jerusalém. 9. reimpr. São Paulo: Paulus, 2002.

Catecismo da Igreja Católica. São Paulo: Loyola, 2005.

CELAM. *Documento de Aparecida – Texto conclusivo da V Conferência Geral do Episcopado Latino-Americano e do Caribe*. São Paulo: Paulus, 2007.

CNBB. *Iniciação à vida cristã – Itinerário para formar discípulos missionários*. 2. ed. Brasília: CNBB, 2017,

PAPA BENTO XVI. *A infância de Jesus*. São Paulo: Planeta, 2012.

_____. *Jesus de Nazaré: da entrada em Jerusalém até a ressurreição*. São Paulo: Planeta, 2012.

PAPA FRANCISCO. *Evangelii Gaudium – Sobre o anúncio do Evangelho no mundo atual*. São Paulo: Loyola, 2013.

Os autores:

Pe. Almerindo da Silveira Barbosa – Sacerdote incardinado na Diocese de Luz/MG. Graduado em Filosofia e Teologia pela Pontifícia Universidade Católica de Minas Gerais; pós-graduado, *lato sensu*, em Ensino Religioso, pela Faculdade do Noroeste de Minas (FINOM) em Paracatu/MG e em Teologia Pastoral pela Faculdade Jesuíta (FAJE) em Belo Horizonte/MG. É membro da Comissão de Catequese do Regional Leste II-CNBB. Foi, por doze anos, assessor diocesano da catequese, na Diocese de Luz. Autor da obra *A missa – Conhecer para viver* e coautor da coleção Deus Conosco.

Pe. Douglas Rodrigues Xavier – Formado em Teologia pelo Instituto Dom João Resende Costa da Pontifícia Universidade Católica de Minas Gerais (2013). Graduado em Direito pela Pontifícia Universidade Católica de Minas Gerais (2009). Tem experiência na área de Direito, com ênfase em Direito Penal e Direito Canônico. Pós-graduado, *lato sensu*, em Ciências Penais pela PUC-MG (2010). Especialista em Ciências Criminais pelo Instituto Brasileiro de Ciências Criminais (2011). Especialista em Direito Matrimonial Canônico pelo Instituto Santo Tomás de Aquino, Belo Horizonte (2015). Mestrando em Direito Canônico pelo Pontifício Instituto Superior de Direito Canônico do Rio de Janeiro – Extensão Goiânia (Pontifícia Universidade Gregoriana). Advogado inscrito na Ordem dos Advogados do Brasil – Minas Gerais. Especialista em temas como direito, catequese e eclesiologia. Sacerdote incardinado na Diocese de Luz/MG.

Pela Editora Vozes, publicou: *Deus, onde estavas quando precisei de ti? – A experiência de fé nos caminhos da vida* e *E, por falar em Maria... – Para conhecer Maria de Nazaré*.